文旅中的当代中国·第一辑

CONTEMPORARY CHINA IN CULTURE & TOURISM

周庆富 / 主编

看见中国

文化藝術出版社
Culture and Art Publishing House

图书在版编目（CIP）数据

看见中国 / 周庆富主编. -- 北京：文化艺术出版社, 2025.5. -- (文旅中的当代中国). -- ISBN 978-7-5039-7861-6

Ⅰ.F592.3-53

中国国家版本馆CIP数据核字第20251PV822号

文旅中的当代中国·第一辑·看见中国

主　　编	周庆富
责任编辑	丰雪飞
责任校对	董　斌
书籍设计	李　响　楚燕平
出版发行	文化藝術出版社
地　　址	北京市东城区东四八条52号（100700）
网　　址	www.caaph.com
电子邮箱	s@caaph.com
电　　话	（010）84057666（总编室）　84057667（办公室） 　　　　　84057696—84057699（发行部）
传　　真	（010）84057660（总编室）　84057670（办公室） 　　　　　84057690（发行部）
经　　销	新华书店
印　　刷	中煤（北京）印务有限公司
版　　次	2025年7月第1版
印　　次	2025年7月第1次印刷
开　　本	710毫米×1000毫米　1/16
印　　张	18.5
字　　数	220千字
书　　号	ISBN 978-7-5039-7861-6
定　　价	88.00元

版权所有，侵权必究。如有印装错误，随时调换。

"文旅中的当代中国"丛书编辑委员会

主　　编　周庆富
执行主编　斯　日
编辑委员　吕晓明　刘　童　胡仰曦　史青岳　张元珂
　　　　　　郭　卉　刘宸芊　黄若天　徐昊彤

"文旅中的当代中国"丛书·序言

党的十八大以来,习近平总书记创造性提出一系列新思想新观点新论断,形成了习近平文化思想,明确了新时代文化建设的地位作用、目标任务、方针原则、战略路径、实践要求。中国艺术研究院作为国家级综合性艺术研究机构,以习近平文化思想为指导,依托自身艺术科研、艺术教育、艺术创作、非物质文化遗产保护和研究、期刊出版等多方面优势,开展了系列活动,为社会主义文化强国建设贡献力量。中国艺术研究院"文旅中的当代中国"征文活动的开展是其中一项主题突出、形式创新、影响广泛的活动。

一

党的二十大报告提出:"坚持以文塑旅、以旅彰文,推进文化和旅游深度融合发展。"党的二十届三中全会通过的《中共中央关于进一步全面深化改革 推进中国式现代化的决定》提出:"健全文化和旅游深度融合发展体制机制。"

"读万卷书,行万里路。"文化和旅游对个人、群体、社会精神文明的构建,从古至今都至关重要。文化与旅游相辅相成,互相促进,推进文化和旅游深度融合发展更是时代发展的要求。随着人民的物质水平和精神文化水平不断提高，对美好生活的向往、对"诗和远方"的追求，正在促进文化和旅游跨越原本各自的边界，不断在经济、文化领域产生新的集合体。全国各地雨后春笋般涌现出许多特色鲜明的文旅融合实践，吸引着更多的人争相前往一睹为快；通过新媒体的传播，文旅融合的新业态、新场景，已经变成我们生活中随处可见的风景，没有一个时代，像今天这样，每个人都是文旅中的人，在文化中实践着旅行，在旅行中感受着文化。文化和旅游的"化学反应"，产生了 1+1 > 2 的效果，融出了"无限可能"。

作为文艺工作者，我们时刻在思考，如何回应时代精神的号召，反映文旅融合的时代主题？如何通过现有的文艺手段，使文旅融合的思想观念深入人心？如何依托中国艺术研究院自身优势，整合现有的资源，创新文艺形式，创造更大的社会效益、经济效益？这些都是我们在面对"推进文旅深度融合"的宏大命题时不断思索的问题。

"文旅中的当代中国"征文活动，即是中国艺术研究院在文旅融合的时代背景下所交出的答卷之一。

2023 年 9 月，由《传记文学》编辑部发起，中国艺术研究院开展了第一届"文旅中的当代中国"主题征文活动。征文启事在介绍征文的宗旨、主题的过程中，多次强调文旅融合的理论基础、重要影响和时代价值："不是人类所有位置上的移动，都可以被称之为'旅行'，唯有在浏览过程中带有文化目的，发生了潜移默化的文化交往的行为，才能称之为'旅行'。在个体和群体的旅行活动中，文化永远占据着重要的分量。""这是游记的魅力，更是文化与旅行相结合带来的历史文化价值所在。""以文塑旅，以旅彰文。旅行中体验历史，旅行中感受文化，传播好中国声音，讲好中华文明的故事。""文旅中的当代中国"征文活动，准确把握时代脉搏，将宏大的时代命题融入征文的宗旨之中，为"游记"这一古已有之的体裁赋予新的生命力，对当下文艺创作给予引导。

征文启事一经发布，社会各界反响热烈。来自全国各地的旅游、历史和文学爱好者结合自身的旅行经历，从历史文化的视角审视古今中国，撰写内涵丰富、情景交融的游记作品，踊跃参加征文评选，短短的三个月时间共收到 500 余篇作品，经过专家初审、复审、终审，最终评选出 12 篇优秀作品，《传记文学》杂志 2024 年特设"文旅中的当代中国"专栏，刊发入选作品，同时在杂志官方公众号上进行推送，进一步推广征文活动。2024 年、2025 年，中国艺术研究院继续开展第二届、第三届征文活动，希望将之变成中国艺术研究院一个常态化的征文活动。

二

与"文旅中的当代中国"征文活动相配合，中国艺术研究院发挥自身优势，组织开展系列活动（包括举办学术论坛、刊发专题文章等多种形式），进一步推广文旅融合，引导文艺创作与时代精神相结合，以文艺为时代精神助力。2024 年 10 月，举办"文旅写作的艺术与实践——从田野调查、史迹踏勘到国家叙事"论坛，邀请多名文史学者、文旅作者以及部分第一届"文旅中的当代中国"征文活动入选作者从不同角度对文旅写作实践进行交流，分析和研讨文旅融合现象、趋势以及面临的问题等。

以文旅融合为主题，《传记文学》推出"从大同到李庄——重新发现建筑史上中华文明的突出特性""历史离我们那么近——长征国家文化公园考察记""孟子周游列国记""跟着历史人类学家认识当代中国"等封面专题，将文旅融合作为一种叙事手法，创新性地融入专题文章的策划和写作当中，让读者在旅行者的所见、所闻、所感中，身临其境地体会历史和文化的昨日、今日，感受中华文化的魅力，为发展社会主义先进文化、弘扬革命文化、传承中华民族优秀传统文化，找寻到更加符合时代要求、人民喜闻乐见的方式。

"文旅中的当代中国"不仅仅是单一的征文活动，这一时代特色鲜明的主题，延伸带动了更多的相关文艺活动，生发出新的力量。可见，时代精神是激活文艺作品内在生命力之源泉。作为文艺工作者，在将自身投入时代的过程当中，也应更好地理解自身的使命和任务。

三

经举办三届征文活动，"文旅中的当代中国"已成为人们通过文旅融合方式讲述中国故事，抒发个体与国家、时代之间深厚感情的平台，同时也成为中国艺术研究院响亮的名片之一，为中国艺术研究院带来了良好的品牌效应。

综观入选优秀作品，在拥有独立的完整性的同时，文章与文章之间也形成了良好的对照性和互文性，共同描绘出古今中国的胜景。从这些文章中也可以看到，作者的创作由浅入深、循序渐进，更是将传记式叙事手法运用到历史文化与当下情景的真实再现当中，以文运事，无论是在内容的选择方面，还是在叙事方式的转变方面，都在反映征文活动从第一届到第二届、第三届，从征文宗旨、主题、风格等诸多方面的发展脉络，充分说明"文旅中的当代中国"主题征文活动是文旅融合背景下的时代精神产物，反映的是时代需求和人民的心声，所以在征文、创作、刊发等各个环节过程当中，产生了广泛的社会影响。

首先，"文旅中的当代中国"征文活动及相应的创作和编辑、刊发实践，是文旅融合时代的写照，有效促进文旅深度融合，为"文化赋能经济社会发展"提供了思路和方法。征文作品是旅游者通过真实经历书写的，优秀文章的发表，也将吸引更多的旅行者奔赴旅游地，使人们在旅行中"按图索骥"，体会各地历史和文化，感悟中华文化，增强文化自信，而这样的体会本身是一次旅游行为，自然会产生新的消费增长点，文化和旅游、文化和经济就此形成了交融互动、相辅相成、双向转化的关系。这充分说明，文艺从来不是孤立的，文艺始终能动地影响着社会发展的方方面面，在取得社会效益的基础上，实现社会效益与经济效益的有机统一。

其次，"文旅中的当代中国"征文活动推出了一大批主题鲜明、历史文化内涵丰富、情景交融的优秀作品，培养了一批有志于文旅写作、讲述中国故事的文艺爱好者。"文旅中的当代中国"征文活动带来的广泛影响，使游记这一古已有之、易读易写的文体，在当代焕发新的生命力，被赋予多元化、深层次的历史文化价值。中国艺术研究院发挥平台优势，将征文作品的创作、刊发、出版、评论置于整体性的引导之中，对于推动当代文艺创作繁荣，增强人民精神力量，满足人民日益增长的精神文化需求，增强文化自信，助力文化强国建设起到了重要作用。

再次，"文旅中的当代中国"征文宗旨是以文旅结合的方式讲述中国故事，传播中国声音，展现可信、可敬、可爱的中国形象。征文将文旅深度融合发展与讲好中国故事结合在一起，能够以"有深度、有温度、有情感"的叙事方式增强中华文明的传播力和影响力。尤其需要强调的是，以文旅融合方式书写历史、当下和未来这个理念的提出和实践，在赋予"文旅融合"更加深广的内涵和价值的同时，拓展和丰富了"文旅融合"这一概念的范畴以及意义，有助于打通不同学科之间专业壁垒，引导学界从学科交义的大背景下认识中华文明，推动中国特色哲学社会科学学科体系、学术体系、话语体系的建构。

四

为进一步推广"文旅中的当代中国"征文活动的影响力，中国艺术研究院将推出"文旅中的当代中国"丛书。丛书的出版，是中国艺术研究院近两年在"文旅融合"这一时代命题下所开展的系列工作的阶段性总结。中国艺术研究院将广泛吸纳社会各界的意见和建议，继续推进主题出版、学术研究、论坛活动等多元化形式，阐释好、推广好"文旅融合"这一时代命题，进一步推进文旅创作成为文艺新场景、新趋势、新热度，满足人们日益增长的精神文化需求，为建设文化强国贡献力量。

是为序。

周庆富
中国艺术研究院院长、党委副书记
2025年5月28日

目 录

001 探访《天工开物》的纸乡传奇 \朱仲祥

015 行走河套 \冷　江

033 敦煌：东方艺术的会客厅 \陈思侠

053 胡杨的绚烂、弱水的轻巧以及汉简的孤寂 \汪　泉

067 天下西江 \余达忠

085 沿富春江西行 \王征桦

099 港湾的疼痛 \朱湘山

113 沈园访放翁不遇 \王锦忠

129 文化热土之西昌 \郎小燕

143 南岭秘语：无巧不成十八山水 \张式成

161　从英吉沙到尉犁　\魏　军

175　张掖三日　\王　冠

193　在丽水　\李正琼

209　从龟兹到库车　\尧　阳

223　古韵崇仁　\邓漠涛

233　回望羊角水堡的炊烟　\赖加福

247　沙土，从盐茶古道上走来　\黄　泽

259　潇湘文旅盛　不忘柳子情——永州访柳宗元遗迹　\魏　颖

271　杳杳梅村　\张凌云

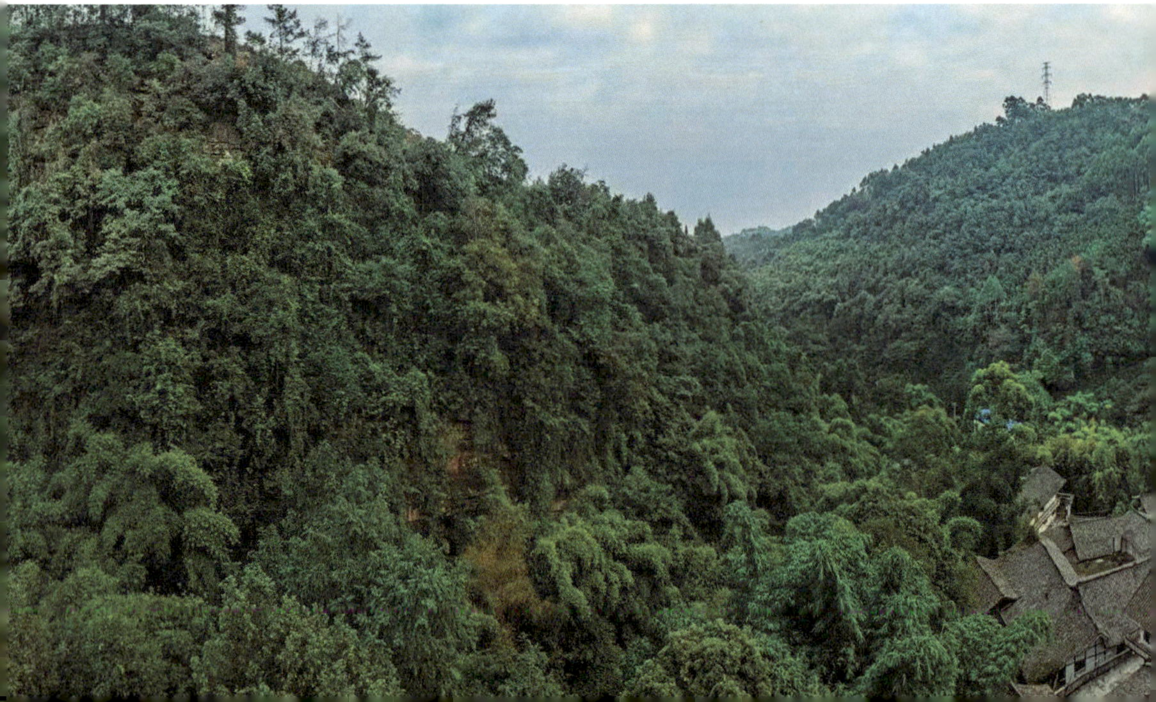

探访《天工开物》的纸乡传奇

朱仲祥

在峨眉山北麓青衣江畔，有一个小山村。那里不仅风景秀丽、民风淳厚，而且是国家级非物质文化遗产项目"竹纸制作技艺"的传承之地，也是我常去游历和采风的地方，它就是夹江县城往北十余公里的马村镇石堰村。

俯瞰石堰村

"砍其麻，去其青，渍以灰，煮以火，洗以头，舂以臼，抄以帘，刷以壁。"这是刻于夹江县古佛寺蔡翁碑上的一段文字，高度概括了当地手工造纸的工艺流程。这种遵循《天工开物》教旨的传统造纸工艺，在这个自然村落传承千年而不衰，是吸引我不断造访的魅力所在。

石堰村的手工造纸作坊1

石堰村的手工造纸作坊2

一

夹江县地处川西平原西南缘，隔青衣江与峨眉山相望。夹江手工造纸主要集中在马村镇石堰村一带。当地人称溪流或沟渠为堰，石堰之名的得来，就在于那条奔向马村河再注入青衣江的山溪。去石堰村的路有两条，一条是溯自该村蜿蜒而来的石堰溪而行，一条是顺千佛岩后山的旅游公路前往。但无论是走哪条路，石堰都给人养在深闺的感觉。它是一处宁静优美的传统村落，藏在青衣江东岸的群山环抱中，怡然自得地打发着岁月。

独自前来石堰村，我总喜欢学晋中武陵打鱼人，沿村里流来的山溪溯

石堰村的手工造纸作坊3

流而上，选择这条"缘溪行"的路线进山，总给人一种渐入佳境的感觉。山涧和溪水相伴而行自不必说，两边的地势由相对狭窄到渐渐开阔，两岸的灌木嘉篁由稀疏到茂密，耳边的鸟啼由遥远变得切近，眼前的风景由平实变得秀美，这种山行的体验如同阅读一本好小说的开头，极具诱惑力和代入感，也符合我们对于自然之美的认知和欣赏过程。当看到有人将石堰村比作桃花源时，你可能还半信半疑，此时身临其境，你会深信不疑，不再觉得这样的赞美是夸张和矫情，而是深有同感。

进得山来，迎面便是绿浪翻卷的万亩竹海。近10平方公里的石堰村，森林覆盖率高达90%，其中茂密的竹林占了很大比例，青山起伏之间都是竹的身影、竹的风韵。

自古夹江多竹，青衣江两岸曾有竹林20多万亩。苏东坡诗云"可使食无肉，不可使居无竹"，就是描写的这种"与竹为邻，傍竹而居"的川西风情。后来，夹江竹林面积逐渐缩小到目前的数万亩，石堰村的竹林就是其中最茂密的一片。这里受青衣江水的滋养，竹子生长旺盛，种类繁多，姿态各样，宛如一座以竹为主题的植物园：粗壮而挺拔的楠竹、秀美而妖娆的水竹、温柔而多情的斑竹，相聚成不同的植物群落，在古老村庄里自由生长。山风吹过清幽的竹林，发出窸窸窣窣的轻响，如同绵绵情话一般惹人遐想。行走在茂密的竹林中，清脆鸟鸣与阳光斑点一道，雨点一般洒落全身。如是烟雨蒙蒙之时，这些翠竹全都化作一团团绿色的云雾，轻轻笼罩在石堰村的山上、山下，笼罩在百余槽户（纸农）们的房前、屋后。

翠竹与石堰人关系密切，他们用竹扎篱笆，用竹编背篓，用竹笕溪水，用竹做扁担，竹子在他们的生活中几乎无处不在。其中，最多最普遍，也最受欢迎的还是茨竹。茨竹繁育能力极强，地下的竹鞭蹿到哪里，竹笋就在哪里破土而出，成片生长。山脚溪边、房前屋后，随处可见茨竹随风摇曳、"长袖当风"。更重要的是，茨竹竹竿柔韧，竹节较长，纤维细密，是制作文化用纸的极好原料，也是石堰人的谋生之根与立村之本。

有了茫茫竹海的渲染和竿竿翠竹的点缀，石堰村的风景就不同凡响，小家碧玉一般清新脱俗。小溪岸边竹亭悠然，流水之上石桥横跨，弯弯石径鲜花簇拥，漫漫竹海鹤影翩翩。溪边林间散落着不少农房，粉墙黛瓦，穿斗结构，四方院落，自成天地。院门处，耀眼着火红的春联，悬挂着喜庆的灯笼，张贴着寓意吉祥的传统年画，尽显山村淳朴和美的民俗风情；院门外，竹绕着房，房依着竹，天人合一，和谐共生。

二

引人注目的还有村口那座山门般的牌坊，青灰的色彩、典雅的造型，"千年纸乡"的匾额，无声诠释着石堰村的文化底蕴。

牌坊旁边是四川夹江手工造纸博物馆，其依山而建，古朴典雅，庄重大气，俨然"纸的宫殿"。该馆建立于20世纪80年代，原址在夹江县东风堰的千佛岩景区，后几经搬迁，最终才落脚石堰村口。该馆馆藏丰富，特色鲜明，生动的图片、翔实的文字、珍贵的实物和动人的雕塑，加上声、光、电的现代展陈手段，高度浓缩了夹江手工造纸的资源、历史、工艺、成就和影响，为人们展示了一部立体生动的中国传统造纸历史，曾获得"中国十大特色博物馆"之殊荣。

以石堰村为代表的夹江手工造纸，已有1000多年的历史。它产生于唐代，发展于明代，鼎盛于清代。明代《名胜志》记载："嘉定（夹江明时属嘉定府）尖山下皆纸坊，楮薄如蝉翼而坚，质可久……"当时全县的纸产量已经占到全国的三分之一。至清代，夹江手工造纸达到巅峰，被康熙钦定为"文闱卷纸"和"宫廷用纸"。抗战时期，夹江纸业获得大幅发展，夹江纸产量之多、品种之繁、品质之佳、技术之精，有口皆碑。当时的书刊报纸，大多使用的是夹江生产的文化用纸，夹江纸一度支撑起了抗战大后方的办公和文化需求，为全民族抗战做出了贡献。

青衣江两岸祖祖辈辈靠山吃山，以纸为本，造纸是他们生存的根基。为此，他们对造纸祖师蔡伦敬重有加，不仅在附近的古佛寺立有蔡翁碑，记载夹江造纸的由来和工艺，而且修建了供奉蔡伦的蔡侯庙，平日焚香进供，礼拜不止。每逢蔡伦生日，还要举行隆重热烈的庙会，槽户们从各个村子赶来，虔诚地焚香烧纸、五体投地，以纪念这位造福百姓的先贤，祈求蔡翁保佑纸乡纸业兴旺、百姓安康。

每次来石堰，我总会拾级而上，走进绿树环绕的"大千纸坊"。这座川西小院，讲述了石堰村与张大千的一段不解之缘。抗战时期，安徽宣纸断源，在敦煌临摹壁画的张大千各处寻找纸源皆未果，最终把目光投向了当时风靡的夹江纸。张大千不辞辛劳，跋山涉水，来到石堰村，针对夹江纸韧性不足、拉力不够等缺点，与造纸户主和工匠商量，尝试在纸浆中适当加入棉麻纤维，几经试验改进，最终生产出了以其画室命名的"大风堂"书画纸。一批批焕然新生的夹江纸从石堰运出，一时被许多书画家视为"上乘文化用品"。数十年后，大千先生怀念起这段经历，为此挥笔画下一幅墨荷图，画上荷叶如盖，荷花亭亭，盛露欲滴，摇曳生姿。画中诗云："露湿波澄夜寂寥，冰肌怯暑未全消。空明水阁冷冷月，翠扇殷勤手自摇。"其后诗注云："此大风堂五十年（应为四十年）前所制宽纹纸也。大有宋楮风韵，不可多得矣……"改造夹江纸的石堰村往事，连同这里的竹风纸韵、乡音乡情，深深镌刻在大千先生的记忆中。

"大千纸坊"是一座完整而古雅的四方院，许是按照"左青龙，右白虎"之类的风水依山而建，原是造纸大户石子清的宅院，今全他的后人还居住其间。院落很宽大完整，轩昂的屋脊屋檐、高大的门窗门柱、雕花的石础挑梁、轩敞的厅堂屋宇、高悬的楹联匾额，无不彰显出当年造纸大户的身家地位。临谷一面中堂左侧的客房，还保留着张大千客居时的原貌：两扇花窗、两把木椅、一张木床、一个衣橱，如此而已。中堂靠里的一面设有书案，成卷的书画纸放在一端，笔墨纸砚一应俱全，也许当年张大千就曾在上面反复泼墨试笔，终于获得了想要的效果。

出居室，见一块巨大的平顶岩石雄居山腰，其上被主人开辟成了一方幽雅的后花园。张大千改造夹江纸时，时常坐在这里品茗观景，欣赏萧萧竹风、翩翩鹤影；闲暇时，他也去村中的中山寺访古，去凉风洞寻幽。这里的松风鹤影、小桥流水，让他暂时忘却了战火硝烟，给了他不少心灵的洗涤和艺术熏陶。

三

来到青山环抱的石堰村，会发现很多造纸作坊散落在山脚溪边、房前屋后，有的已经停止生产，只作为历史遗迹保存在那里，供外来的客人游览参观，了解曾经的造纸境况；有的还在生产，虽然大多作了一些外观的装饰，但依然使用古法造纸工艺。正如《天工开物》中所述造竹纸的过程：

凡造竹纸，事出南方，而闽省独专其盛。当笋生之后，看视山窝深浅，其竹以将生枝叶者为上料。节届芒种，则登山砍伐。截断五七尺长，就于本山开塘一口，注水其中漂浸，恐塘水有涸时，则用竹枧通引，不断瀑流注入。浸至百日之外，加功槌洗，洗去粗壳与青皮（是名杀青）……凡抄纸帘，用刮磨绝细竹丝编成。展卷张开时，下有纵横架框。两手持帘入水，荡起竹麻入于帘内。厚薄由人手法，轻荡则

造纸工匠在熟练操作纸帘

薄，重荡则厚。竹料浮帘之顷，水从四际淋下槽内。然后覆帘，落纸于板上，叠积千万张。数满则上以板压。俏绳入棍，如榨酒法，使水气净尽流干。然后以轻细铜镊逐张揭起焙干。凡焙纸先以土砖砌成夹巷，下以砖盖巷地面，数块以往，即空一砖。火薪从头穴烧发，火气从砖隙透巷外，砖尽热，湿纸逐张贴上焙干，揭起成帙。①

石堰村的古法造纸，从选竹、制浆到捞纸、晒纸，要经过砍竹、断青、刮皮、断料、发酵、蒸煮、打浆、捞纸、晒纸、切纸等72道工序，

① （明）宋应星著，《国学典藏书系》丛书编委会主编：《天工开物》，吉林出版集团有限责任公司2010年版，第161—162页。

一个都不能少，完全就是《天工开物》的生动再现。如此生产的"蜀笺"文化用纸，洁白柔软、浸润保墨、纤维细腻、绵韧平整，被人们赞为"淡画不灰，淡泼浓，浓泼淡。诗有烟霞气，书兼龙虎姿"。

在作为国家级非物质文化遗产"竹纸制作技艺"传承地的石堰村，要把那么多的造纸工序看完整，非得住上一段时间才行。好在村子里有不少仍在造纸的槽户，可让我们获得其中的部分体验。

"大千纸坊"下面的山溪边，就有一家名为"状元纸业"的小造纸作坊，一个盛着纸浆的水池占据着中心位置，旁边是纸墩、纸帘和已备回槽的纸边，以及用作排水的沟槽等；左上角还有一堵光洁的墙壁，那便是刷纸、晾纸的专用墙壁。有几位壮实的中年造纸工匠，在造纸作坊里进进出出，那情景与烤酒师傅在烤酒作坊中的忙忙碌碌，颇为类似。

走进这个古朴的造纸作坊，还可目睹成纸表演。只见清澈的石堰溪水，与千辛万苦捣碎的纸绒，彼此交融交汇成纸浆，乳汁一般荡漾在石板拼砌的池子里。一位手法熟练的造纸工匠，将一宽大的长方形纸帘，放进乳白的纸浆池中轻轻一舀，再左右缓缓摇晃，一层薄薄的纸绒就均匀分布在纸帘上，然后一次次将纸帘往旁边的纸墩上轻轻倾覆，一张张竹纸就叠加在了一起。眼前的劳动场面及其造纸工艺，仿佛让人穿越到了蔡伦的年代，工匠们严谨认真的一招一式，简直就是祖先手工造纸的情景再现。岁月更替，沧海桑田，石堰村人痴心不改。千年的传承、千年的坚守，其精神令人动容。

如要生产更为宽大的八尺宣、丈二尺宣，则需两三个造纸工匠同时操帘，默契配合着才能完成。纸品规格越大，纸帘就会越大，成纸的难度就会成倍增加。如若彼此配合不默契，纸绒就可能在纸帘上分布不均匀，所造之纸就会失败。据说丈二尺宣是目前手工造纸的"天花板"，全国能够摸顶的，只有石堰村等少数几个地方的工匠。

等石礅上纸张叠加到一定厚度，便将一块大石板压在湿漉漉的纸张上面，为的是把其中的水分尽快挤压出来，然后再用刷子将半湿的竹纸平整刷在旁边的纸墙上，经轻柔山风吹拂晾干，一张可挥毫泼墨的书画纸就成了。大部分的槽户砌了火墙，即把砖墙砌成夹层，在夹层里烧上炭火烤热纸墙，以此加快纸张水分的蒸发。不过现在普遍装置上了电热设备，可以通过仪器调节温度，防止纸张烤煳烤坏。

　　最后的刷纸晾晒环节，同样精细讲究，也同样费神费力。刷纸靠的是手的灵活和腰的柔韧，还有经验的积累掌握。这环节一般由年轻女子来做，只见她们熟练地将半湿的纸张从纸墩上揭起，娴熟地贴在专用墙壁上，再飞快挥舞手中的刷子，将纸张刷得平整熨帖。如此这般，晾干后才平滑柔顺，不会产生皱褶。刷纸的情景也具有观赏性，年轻女子们挥动刷子，有节奏地上下舞动，左右开弓。刷纸带来的美感，如同舞蹈。

　　部分用作书写对联的书画纸，还需要一张张加盖上瓦当、福寿、龙凤或别的团花纹饰，增添生活气息与祝福意味。

四

　　漫步石堰的青山下小溪边，不时可见散落在房前屋后的高大榥锅，那是制作纸浆的设施之一。它们由一口两米直径的大铁锅和一个齐腰高的大甑子构成，纸农们把选好的茨竹原料砍成段、剖成片，然后放进榥锅甑子里，"火以八日八夜为率"，让其形成苎麻一样的竹纤维，俗称"竹麻"，再反复舂成泥、捣成浆，以备"捞纸"所用。

　　舂捣竹麻的场面极富感染力。只见七八个精壮汉子站在榥锅旁的台沿上，一边唱着"竹麻号子"，一边挥动木杵使劲儿舂捣，那情景有点类似中秋节挥动芦篙围着碓窝"打糍粑"，蒸气随风飘舞，木杵挥动有力，

纸农边唱着粗犷的竹麻号子，边围绕楻锅舂捣竹麻

号子沉雄激越，节奏铿锵明快，尽显劳动之韵、创造之美。

夹江所在的乐山地区，岷江、青衣江、大渡河汇流，峨眉山系四峰连绵，自古文风昌盛，民风淳朴，乡间生产生活中唱民歌（含山歌）的习俗由来已久。唐宋以来便流行一种民歌形式"竹枝词"。南宋著名诗人陆游在嘉州（今乐山）任知州时，就曾向岷江、青衣江畔的民间学习，写下一首竹枝词《玻璃江》："玻璃江水千尺深，不如江上离人心。君行未过青衣县，妾心先到峨嵋阴。金樽共醑不知晓，月落烟渚天横参。车轮无角那得住，马蹄不方何处寻？空凭尺素寄幽恨，纵有绿绮谁知音？愁来只欲掩屏睡，无奈梦断闻疏砧。"诗人以一个乡村多情女子的口吻叙述，有爱有怨，如泣如诉，似嗔似痴。

后来流行的民歌，应是古老竹枝词一步步地域化、民俗化的产物。在这些民歌中，劳动号子最为盛行且种类众多，乐山就有岷江上的"船工号子"、大渡河的"铜河号子"、峨眉山的"峨山号子"等，夹江石堰的"竹麻号子"，当是其中风格极为独特、影响极为广泛的一个。

让人惊奇的是，竹麻号子几乎都是即兴创作。舂捣竹麻的汉子们，一般是根据劳动的节奏，见到什么唱什么，一人唱来众人和，单唱与联唱结合，高调、半调，十多种曲牌随机使用，鼓动性、感染力与节奏感都十分强烈。而且石堰人是开放包容的，他们有时为了增添鼓舞干劲、激发热情，还会聘请民歌高手前来领唱助兴，连同路人欣逢其时，也可加入进来一块儿唱。一些性格大方、爱凑热闹的女子，也热衷于和汉子们对唱。当然这男女对唱的民歌，少不了诙谐泼辣的打情骂俏。

比如单唱：

（女）送哥送到石堰河，妹捧泉水给哥喝。
　　　阿哥喝了妹捧的水，三年五年口不渴。

还有对唱：

（女）听闻哥哥好声音，为何躲着不作声？
　　　是好是坏见一面，免得时常挂在心。
（男）草鞋烂了四根筋，青蛙死了脚长伸，
　　　黄鳝死了不眨眼，爱妹至死不变心。

近年来，生活气息浓郁的竹麻号子，引来许多艺术家采风创作，几度被改编成音乐、舞蹈作品搬上舞台，或被拍成专题片、画成美术作品向外展示。随着社会的进步，人们现在已把舂捣制浆的程序交给了机器，既减小了劳动强度，更减少了水源污染。而一些歌手已老，号子远逝，那激动人心的唱和场面，已经变成博物馆里的影像再现，成为石堰久远的记忆。

五

石堰村口有个叫"枷担桥"的地方，也是我感兴趣的去处。这是一个自然形成的小集镇，在公路两旁铺排了数十户人家，构成一条数百米长的小街，街上卖着日用百货和农具。街外有座石拱桥，横跨在石堰之上，桥身上长满苍苔、杂草和灌木，看样子有些年头。大概因桥头的小街短短的、弯弯的，状如耕田架在牛肩胛骨上的枷担，因此此地连同此桥，便名曰"枷担桥"。几条溪流从不同的山沟汇流到石桥之下，形成一条潺潺的小河，静静地流向村外。

这条古朴的老街，不仅是石堰人日常用品的供给地，也是他们进出村子歇脚的地方。石堰人大多靠山吃山以纸为业，石堰村因此被诗人们称为"纸做的村庄"。旧时，村里人的生活用品要从外面挑回来，造好的手工纸要从村里挑出去。那时生产出的成品纸，一般是挑到夹江县城纸铺云集的东大街，卖给那里的某一家纸铺，也有外地纸贩进村收购，然后请了村里的汉子做挑夫，把石堰纸挑到岷江边的老码头，再装船扬帆，沿李白"仗剑去国，辞亲远游"的路线，过嘉定，下渝州，出三峡，销到更远的地方去。石堰人挑着颤悠悠的担子来到这里，会在当街的某户人家歇歇，乡音乡情地聊聊天喝喝水，再继续走接下来的路程。

枷担桥吸引我的，还有一年一度的腊月场。每年的腊月，枷担桥小街会变身为真正的贸易集市，山里山外的村民聚集到这里赶场交易，一时间人潮涌动,十分热闹。小街两边以及场头场尾,全都摆满琳琅满目的年货。除鸡鸭鱼肉、菜豆瓜果等村民自产自销的农产品外,还有临时的日用百货摊点。过年的一应用品,这里大都能买到。

但枷担桥腊月场的要素,还是离不开石堰村的主业——造纸。每到腊月赶场天,纸农们纷纷晒出自家生产的手工纸,相互比较各自纸品的高下优劣,借此交流信息和推销纸品。石堰以及附近产地的手工造纸,一刀一刀地摆在街边,场面十分盛大壮观。纸贩们也从八方赶到枷担桥来,批量采购质优价廉的书画纸,远销到长江中下游地区。

我几度来到枷担桥赶腊月场,不为采购年货或纸品,只为感受那份独有的纸乡风情。漫步在熙攘的赶场人群里,随意浏览满街的鸡鸭鱼肉、蔬菜瓜果、衣物鞋帽、灯笼春联,细心关注集中摆放的一叠一摞、一件一扎洁白素制的手工纸,顺便采写一些石堰故事,心中满是满足与欣悦。

如今虽时光流逝,沧海桑田,那些挑夫的身影淡入时光深处,枷担桥的岁月已更新了内涵,宽阔的旅游公路通过这里修进了村子,一家家电商架起了沟通客户的桥梁,来往的汽车成为小街旋律上跳动的音符,但"一年只赶腊月场"的习俗,却和石堰村的古法造纸工艺一样,一直沿袭下来,保留至今。

徜徉在这个"纸做的村庄",常会看见一队队少年,花朵一般绽放在竹海纸乡,那是进村开展研学活动的中小学生。他们用新奇的目光,打量着石堰的粉墙黛瓦、小桥流水、鸟语花香,打量着起伏的竹海、恬静的山村、古朴的作坊,纷纷在书画纸上留下稚嫩的笔墨,画出石堰山村的翠竹、小溪、石桥、四合院和造纸作坊,写下自己对中国造纸的体验和感悟……

作者简介

朱仲祥，四川夹江人，四川作协会员，从事小说、散文、诗歌、报告文学、歌词等多种文体写作，先后在《人民日报·海外版》《北京文学》《四川文学》《奔流》等文学杂志和报纸副刊发表作品300多万字，出版《情怀依旧》《恋恋乡愁》等散文随笔、非虚构作品6部，出版和报刊连载长篇小说《血色破晓》《孤城落照》《佛城谍影》，作品入选多种选本和中学语文课外阅读指定篇目、考试试卷，获乐山市政府"郭沫若文学艺术奖"和中宣部、中国作协、四川文联等机构征文奖若干，任多部文学丛书、多个组织和平台之编委、顾问、研究员。

行走河套

冷 江

摊开中国地图,放眼西北,有两个重要的地理区域令人神往:一个是呈45度角向西北方向伸出去的"拳头",一个像是往东北方向张开的"手掌"。这个"拳头"就是历史上赫赫有名的河西走廊,也是丝绸之路必经之地。而那个"手掌"就是中国地理上非常奇特的黄河"几"字湾区域,也就是河套地区。河套是北方大漠草原与平原的天然分水岭,也是古代中原民族抵御外来侵略的战争前沿,历来为兵家必争之地。

河套平原上的英雄

我们在北京酷暑将退时,来到银川,下飞机后,迫不及待地赶往贺兰山。

沿途目之所及,平畴千里,绿树成行。虽没有见到瓜果飘香,但依然让我想起晚唐时期的翰林学士,曾官至尚书左丞的韦蟾。他在一首《送卢潘尚书之灵武》的诗里说道:"贺兰山下果园成,塞北江南旧有名。"可见隋唐时期,贺兰山下河套平原西部的宁夏平原已经得到了成规模的开发。诗中的灵武今属宁夏回族自治区,在当时是灵州总管府所在地,也是灵武郡治所所在,还是朔方节度使驻地,是统辖整个银川平原的政治中心。诗中提到的卢潘尚书，正是在唐懿宗咸通十年（869）前后，出任灵武节度使。卢潘为官"历数镇"，多有建树，最后殉职于灵州。诗中提到的"果园成"，早在十六国赫连勃勃时期，灵州一带已建设薄骨律镇，引黄河水灌溉，隋唐时期已成鱼米之乡。

事实上，贺兰山以东，阴山以南，北到石嘴山，南到中卫，都属于河套平原的西套。当地人一直流传着"黄河百害，唯富一套"的俗语，而600公里莽莽苍苍的贺兰山千百年来一直以其地利之险、山势之雄，悍然矗立于内蒙古高原和宁夏平原之间。

贺兰山同阴山一样，是历朝历代中原王朝与草原部落征伐不断的狼烟之地。提到贺兰山，最著名的诗词是南宋岳飞《满江红·怒发冲冠》中的"驾长车，踏破贺兰山缺"，收复故土的一腔热血和满腹豪气，尽在纸上。此外，唐代王维的《老将行》里亦有名句："贺兰山下阵如云，羽檄交驰日夕闻。"战阵如云，军情紧急，一幅战争激烈的场景扑面而来。而描写阴山最著名的诗句，是南北朝民歌《敕勒歌》："敕勒川，阴山下。天似穹庐，笼盖四野。天苍苍，野茫茫，风吹草低见牛羊。"此外，唐代著名边塞诗人王昌龄"秦时明月汉时关，万里长征人未还。但使龙城飞将在，不教胡马度阴山"的《出塞》一诗，同样流传千古。可见，无论是贺兰山还是阴山，作为河套平原上重要的天然屏障，既荫庇着山下无数生民繁荣的农牧业生产，也成为当时各方夺取的制高点。

早在春秋战国时期，赵武灵王就将赵国版图北扩，直抵阴山山脉，设立了云中郡。此后，秦始皇派蒙恬率大军将匈奴逐出河套，并迁内地民众三万人到河套戍边，同时在云中郡之外另设九原郡。西汉时期，卫青率军大败匈奴，收复河套。汉武帝设朔方郡和五原郡，筑城屯田养马，作为抵御匈奴入侵的基地。汉朝大量人口移民河套，引黄河水灌溉，农业生产得到迅速发展。到隋唐时期，贺兰山下的宁夏平原已经是绿树成行，瓜果飘香了。杜牧在《夏州崔常侍自少常亚列出领麾幢十韵》一诗中称赞："榆塞孤烟媚，银川绿草明。"经历西夏、元代以及清代的开发，河套地区成为我国西北重要的粮仓。

贺兰山得名据说是因其山形如骏马。撰于唐宪宗元和八年（813）的《元和郡县图志》称贺兰山"山有树木青白，望如驳马。北人呼驳为贺兰"。

我们到银川时，已是下午。天空阴暗，似有风雨将至。途中远望贺兰山，褐青色的山峦起起伏伏，像夜光下层层叠叠的海浪从天际扑来。随着逐渐走近贺兰山的山麓，却看见一块块斑白的巨石垒起了巍峨的山体，青白相间，颇似驳马。据说突厥语称"驳马"为"曷拉"，"贺兰"即为"曷拉"的汉语译音。肃穆而雄壮的贺兰山，像一个须发斑白、历尽沧桑的王者，威严地俯视着膝下的每一个子民。

途中，本地司机告诉我，贺兰山下常年干旱缺水，路旁树木皆靠地下管网引水灌溉，成本极大。可以说历朝历代，河套地区的发展，水都是一个无法绕开的核心问题。

有两个人在河套水利事业上建立奇勋。一个是元朝杰出的天文学家和水利专家郭守敬。他不仅主持疏浚了元大都的通惠河，打通了京杭大运河，还修复了宁夏引黄灌区，唐徕、汉延及其他10条干渠、68条支渠，灌溉农田9万余顷。

另一个人则更富传奇。号称"河西水利之父"的近代垦田治水专家王同春，堪称在河套地区的发展史上写下了极富神采的一笔。他在河套主持开挖干渠10余条、支渠约300条，总长4000余里。他受政府委托，组织民团，抗击外来侵略者，保护了百姓的生命财产。他还极具经营意识，以水利起家，打造了五原隆兴昌镇的商业繁荣，并通商西北数省。他是我国近代黄河后套的主要开发者、经营者。王同春一生命途多舛：

5岁患病致一目失明。7岁入私塾读书，因家境贫困，仅半年即辍学。后随父来到塞外谋生，辗转于磴口。之后，王同春到短辫子渠四大股经理郭大义手下当了一名渠工。1874年，郭大义决定对短辫子渠进行疏浚和改造，王同春敏锐地发现这是改变自己人生的良机，便借款参与投资短辫子渠。不到一年，新短辫子渠挖成，王同春也获得了人生的第一桶金。后来，王同春离开郭大义单挑大梁。他收留了上千名青壮劳力，并成功租到大片耕地，又买断了当时经营不济的一家商号"隆兴长"，在其旧址上重建房屋，盘活资产，搞活经营。不久，"隆兴长"商号便积累了雄厚的资本。从同治到光绪年间，他自修干渠三条：丰济渠、沙河渠、义和渠，集资合作开挖干渠两道：刚济渠、新皂火渠，参与指导开挖干渠五条：永济渠、通济渠、长济渠、塔布渠、杨家河。在此基础上，他还挖通了超过270条支渠和无数小渠。经过修挖和调整，1904年后，后套地区已是渠道纵横、田畴相连、桑麻遍野的膏腴之乡。而据统计，彼时他拥有田地上万顷，一年可收粮20余万石，富甲一方，成了名噪一时的富商大贾。从1891年到1902年，他四次共调出粮食9.5万余石到各省救灾。1925年，王同春因从事水利野外勘查染疾，溘然长逝，永远离开了他心心念念的河套平原。

一部河套的发展史，不仅是北方部落与中原王朝征战的历史，也是人类引水用水，与大自然和谐共生的历史。站在人类生存和生命的起点上，瞭望整个河套平原，无数英雄曾经在这里抛头颅洒热血，护佑一方，造福一方，巍巍贺兰山见证了这段历史，广袤而辽阔的河套平原就这样坚韧地活在历史中，也走向更好的未来。

贺兰山上的岩画与白云

终于到了贺兰山岩画公园的入口处。原本阴暗的天空突然放晴,阳光像炽热的手掌,热情地抚摸着我们的脸。我抬头仰望贺兰山,看见褐青色的山顶一下子被阳光洗刷得格外明亮,山顶上飘着一团一团的白云,像洁白的雪花轻轻飘荡。这是北国的云,透着广袤大草原上成群结队的牛羊的气息,也融入了河套平原上千里沃野的丰腴。它缓缓在山顶上移动,有时微微变换着形态。阳光穿过云层的时候,像是贺兰山澄澈的目光穿透了它简单而质朴的心房。

来贺兰山之前,看那些神秘的远古岩画,一直是我很久以来萦绕于心的愿望。终于来到了贺兰山下,此刻我倒并不显得那么急切了。我用自己渐渐平复下来的心静静品味着贺兰山的雄浑,也用自己渐渐迷离的目光轻轻触摸那些巨大的白色的岩石。同行的人告诉我,那就是著名的"贺兰石"。来之前,我特意上网查了一下:贺兰石,又称吉祥石、碧紫石,为宁夏五宝之首,被誉为宁夏的"蓝宝"。贺兰石产于贺兰山 2600 米左右的悬崖上,是大自然经过数亿年的修炼而形成的"精灵"。当地人说,贺兰石是古代贺兰国公主因思念战争中牺牲的爱人而日夜流泪聚化而成的。仔细看这些巨石,确实质地均匀细密,清雅莹润,绿紫两色天然交错,刚柔相宜,叩之有声,既有北方大漠的坚韧,又有草原儿女的柔情。我不禁为贺兰山这神秘而悠远的大自然的灵性所折服。

就在我渐渐沉迷于贺兰石的清雅莹润之中时,突然有人惊叫了一声:"看,岩画!"不经意之间,我们已经与第一幅岩画亲密接触:那是一头抽象的羚羊被深深镌刻在一块巨大的山岩上。羚羊的身体用两根若隐若现的线条勾勒而出,它的头顶上那一对锐利的角,与身体平面的线条构成了鲜明的对比,给全身增添了逼人的斗志;它的尾部是一个半弧形,看起来丰腴而饱满。它像一个初出茅庐，天不怕地不怕的愣头青，既给人以挑战一切的勇气，又溢出一份对周边世界的紧张、兴奋和隐隐的不安。我猜想它是一头刚进入青春期的小母羊，它对未来应该有无限憧憬。

　　接下来的一幅岩画，我看到了远古人类超前的艺术想象力。那是在一块凸起的巨岩上整面雕刻了众多抽象符号的岩画群。正面中心位置的造型像倒挂的箭，箭尾是一个三角形，三角形里面是一根"丫"字形的箭羽。箭头笔直向下，似乎要穿透一切。左边斜上方是一张圆形的脸谱，脸谱上有抽象的眼睛、口鼻，甚至眉毛。这张脸谱整体轮廓不是标准的圆形，而是椭圆形，两只眼睛凹陷较深，鼻子部分用两个小黑洞来代表，下面的口部反而较小。在鼻孔与口之间有一个十字，给整个脸谱赋予了一份神秘的宗教色彩。在这张大椭圆脸谱的下方还有一张幼儿的脸谱：两只耳朵格外鲜明，那呆愣愣的神态，一看就给人一份稚嫩和憨厚的感觉。这张脸的眉眼都很分明，但下面的口鼻却直接以一个十字形取代了。眉眼和十字形相对紧凑，与上面那张相对严肃的脸谱比起来，这张脸谱整体看上去，形成了一种滑稽和轻松幽默的氛围。两张脸谱放在一起，一上一下，一大一小，一端庄一诙谐，相映成趣。可以想象，当时创作这一组画像时，创作者对人物性格和心理的刻画如何认真。而箭羽右边的画像似乎更怪异。上面一张偏小的画像，也是一张脸谱，但是一张胖乎乎的大头造型，眉眼拉得很宽，两条眉毛连在一起，呈浅浅的弯月形，两只眼睛离得很远，像沙漠中两个黝黑的泉眼，头部像一颗爱心凹了进去。这张脸谱既像懵懵懂懂的孩子，又像憨憨的小肥猪，神态可以说极其活泼。脸谱的下方是一个更大更怪异的造型。这个造型首先奇特在一张四方脸下是延伸到两腮的宽阔的嘴唇，嘴里面有一排极其分明的对外裸露的牙齿，沿着两个嘴角，是两根斜斜向上45度角的直线，导致整个脸的上半部配上这两根斜线，像北宋官员的帽子，又像外星人的飞行器，而那两根斜线就像飞行器的天线。

整面巨岩几乎被这些抽象却传神的画像充满。我很难想象，当时远古的人类是如何整体构思，又局部进行个性化创作的。那些画像是他们心中天马行空的想象，还是他们曾经遭遇过更神秘、更传奇的生命，我不得而知。这些贺兰山的岩画，就像是无数未解的谜，在今天的人们与千万年前的人类进行着遥远的对话，也进行着尚未破解的文明的传承。

号称贺兰山岩画"镇山之宝"的是那张太阳神像的岩画。它位于一块半山腰内嵌进去的岩壁上。那面岩壁已经被打磨得极其平坦，像一面赭黑色的青铜镜，透着来自远古的神秘气息。整张画极其夸张，也极富想象力。太阳神头顶上的一根根毛发代表了一束束向外发射的阳光。整张脸谱最抓人眼球的是那两只重环形的眼睛，像两个银河系星环被刻在了岩壁上。而与两只眼睛相连的是一对半弧形下垂的硕大的耳朵，赋予了整个画面大胆的夸张构图。从眼睛到上面的弯月形眉毛，再到上面的发际线，都在向上方扩散着光泽，给人蒸蒸日上、无限生机的感觉。这让我想起了汉朝乐府诗《长歌行》里面的句子："阳春布德泽，万物生光辉。"这种生命力的外溢是跨越千万年的，是任何事物无法阻挡的，是可以穿透一切自然的障碍的，也是可以穿越任何民族、肤色、种群的。对太阳神的崇拜，我想不只是先民对阳光的至高无上的期许，更是对生命力的本真的追求和对光明、未来激情的回应。

从贺兰口走出来，耳边还回响着那突然自天而下的贺兰山瀑布的清脆的落水声。回首看遥远的山顶和山顶上明净的天空，在那辽阔而壮美的蔚蓝色的天幕上，一团团硕大的云朵揉挤着、复合着，像巨大的洁白的哈达从天外向我们飘来。贺兰山就在这巨大的哈达下巍然沉寂，将无限悠远的神秘和对生命、对生活、对生存最传奇的想象播撒四方。

贺兰山太阳神岩画

贺兰山岩画

一个王朝的背影

我对西夏的神往,很大程度上是对其开国君主李元昊这个传奇人物的神往。在西夏博物馆里,我们第一次与西夏、与李元昊亲密接触。李元昊审时度势,占据河套平原,依托贺兰山之军事屏障,将西夏疆域扩展至河西走廊,与周边政权成鼎立格局。然而,如果仅仅停留在军事上,那么李元昊不过是另一个赫连勃勃而已。但事实上,李元昊超越了赫连勃勃。他不仅在军事上是杀伐四方的奇才,在政治、文化、社会治理上都有自己独到的地方。首先在政治上,李元昊定都兴州(兴庆府),苦心经营河套平原作为立国根基,同时向西南扩展,占据河西走廊,垄断丝路商道;扩展控制区域,增强西夏的战略纵深。李元昊不是穷兵黩武之人,他对于西夏建国有一套完整的治理体系。从颁布"秃发令"到制定西夏文字,从推崇佛教到崇尚儒学汉法,西夏形成了蕃汉融合的发展方式。西夏能在辽、宋、金的环伺之下,于干旱而贫瘠的大西北建国,并历十代近200年,堪称奇迹。西夏的传奇还不仅于此,它还为后世留下了敦煌莫高窟、榆林窟以及黑水城遗址里大量独特而生动的绘画和塑像。此外,西夏的夏国剑在宋朝被誉为"天下第一"。最让我称羡的是,西夏教学体系也采用了两种体系,既有蕃学院,也有汉学院。能广融多民族文化精华,博采众家之长而为己所用,这才是西夏能够被《金史》赞誉"抗衡辽、金、宋三国"的内在根由。

从西夏博物馆出来,坐车不到10分钟,我们就来到了西夏王陵。9座高耸的帝王陵墓像一座座金字塔,静静矗立于苍茫的贺兰山下。下午的阳光斜斜地从贺兰山的山巅之上射过来,落在土黄色的陵墓上,给王陵愈加增添了恢宏、肃穆和神秘。安葬李元昊的3号陵,是9座王陵中最高大最雄伟的王陵。据资料记载,原来黄土堆之外建有七层陵塔,陵

西夏王陵 1

西夏王陵 2

西夏王陵 3

塔之外，建有卫护王陵的阙台、月城、献殿以及碑和城墙。可以想见，当年建这些王陵的时候，场面该是何等庄严，建成之后又该是何等恢宏富丽。这些无声的建筑，是生者对亡灵最深切的悼念，也是后人缅怀逝者、追忆其功勋事迹的最直接的桥梁，更是今世与往世乃至来世最悠远的联系。

李元昊作为开国之君，在宁夏建国拓疆，成就了一番霸业，固然令后人引为传奇，而对我来说，更吸引我的是他主持修建的"昊王渠"在贺兰山下引流灌溉，滋润沃野千里。他还发行西夏货币，大大促进了河套平原农牧业的发展和经济的繁荣，在富国的同时，让百姓收获实实在在的恩惠，这才是"民为贵，君为轻"，这才是"水能载舟亦能覆舟"。

1000多年过去了，贺兰山依然以其雄浑与静穆的姿态，巍然俯视着山下旷野之上这一座座王陵。荒草萋萋，黄土漫漫，多少烽火狼烟都消逝在这苍凉辽阔的塞北，多少雄杰伟士都沉没于这残垣断壁之中。夕阳西下，给无垠的旷野镀上了一层神秘的金色，西夏王陵在渐渐隐退的光影下，越发显得苍凉而孤独。

沙湖：天使掉落在河套平原的一滴眼泪

头天晚上，在到底是去沙湖还是去沙坡头之间，我还在犹豫。后来召集所有人商议，意见相对集中：沙坡头只能看沙玩沙，而且离银川远；沙湖不仅近，除了看沙玩沙，还能看鸟观湖。于是，我忍痛舍弃沙坡头，选择了沙湖。

我们第二天早早起床，到沙湖的时候，才早上9点。远处幽蓝的湖水和碧绿的芦苇丛，在浩瀚的天宇下安详而静谧。夹杂着一丝丝水鸟羽毛的气息，微风将湖水的清凉和芦苇丛的清新，一起送来。我不禁深深吸

沙湖石碑

了一口这塞外湿地的独有气味,感到自己的心也被渐渐打开了。

坐船进入湖的深处,沙湖的水面真大啊,据说足足有45平方公里。这相当于650余个标准足球场的大小。湖很干净,蓝天和绿苇的影子一起糅进了水里,让湖水远远看着有一层淡淡的青色。水面在微风的吹拂下显出一层一层的浅浅的波澜,像浩瀚沙漠表面的纹理,更像少女那淡淡的羞涩笑容。

下船来到湖上的栈桥,沿着栈桥,我独自走向湖的深处。栈桥两旁都是密密的芦苇丛,芦苇丛下面是静静的湖水,芦苇稀疏处,偶尔可见

沙湖景色

一两只黑色的水鸟怯怯地走出来，一边小心翼翼地在滩涂上觅食，一边又时不时警觉地抬起脑袋，听见我的脚步声，迅速逃进了芦苇丛，像一个做贼心虚的小偷。我起初觉得很好玩，后来一想，又不禁有些尴尬和

自责。其实，这一汪湖水，本就应该是这些鸟儿的天堂，是我们这些不速之客的人类，不经意间冒失闯入了它们的家园，做贼心虚的其实应该是我们啊！

站在湖中心，回望岸边的小山以及更远处苍茫而起伏的沙丘，不禁惊叹这大自然绝美的景致。沙湖此刻一半是秀美婀娜的江南水乡，另一半却是粗犷壮阔的塞北大漠。蔚蓝色的天空下，起起伏伏的沙丘和波光粼粼的湖面相映成趣，摇曳多姿的绿苇和活泼好动的水鸟共生共荣。

不知什么时候，向导突然出现，打乱了我美好的思绪。她告诉我，沙湖也就是这20来年才成为生态旅游的塞北明珠的。20世纪50年代，这里属于平罗县西大滩，当时还是一片荒滩，杂草丛生，盐碱泛白，杳无人烟，条件艰苦。从50年代一直到90年代，都是农建第一师的前进农场在这里开荒种地、修渠垦殖。这支队伍前身是宁夏中卫起义的国民党第八十一军改编而成的西北独立第二军。1950年，西北独立第二军与陕北独立一师二团等整编为宁夏军区独立第一师，受命在宁夏同心县一带剿匪，同时大部分官兵在中卫县城北的新滩和龙宫滩开荒种地，两年内开荒15718亩，养羊4000余只、家禽2000余只，还开办了铁工、木工、榨油、豆腐、皮毛、柳编等手工作坊。独立第一师还帮助当地政府开挖了一条30余公里长的"扶农渠"和一条排水沟。为此，当时的中卫县人民政府在渠首立"军民合作、兴农除害"的石碑。1952年，农建一师进驻平罗县西大滩，开始建设平罗县西大滩农场。1953年，农场正式更名为"前进农场"。

西大滩位于平罗县西贺兰山下，是大片茫茫的盐碱滩和长满芨芨草的荒原，虽地势平坦，但排水不便，土壤盐碱化严重，开荒改良极其困难。农建一师官兵们在荒滩上搭帐篷、挖"地窝子"栖身，用土坯垒灶台，搭苇席作灶房。官兵们铸剑为犁，修渠筑路，开荒平地，在没有任何机

同行者在沙湖边游玩

械帮助下，全靠双手和肩膀，用铁镐、镢头、铁锹、背筐、手推车等最简单的劳动工具，战严寒、斗酷暑、顶风沙、冒雨雪。自 1952 年 5 月至 1955 年 10 月撤销部队建制，三年时间，在占地 32.95 万亩的荒原中，官兵们开垦荒地 45163 亩，修筑了八一渠和东一干渠，开挖支、斗沟渠 21 条以及大量的农沟农渠，共动土 1300 余万立方米，生产粮食 54.5 万公斤、油料 1.47 万公斤，造林 455 亩，养猪 950 头，养羊 1799 只，养大家畜 417 头，拥有固定资产 236.2 万元。这些宝贵的积累为前进农场后来的发展打下了坚实基础。之后，农场开始在西大滩建设沙湖旅游区，1990年正式对外开放，1994年被国家旅游局评为"全国35个王牌旅游景点之一"，2007年被国家旅游局评为全国首批5A级旅游景区，2013年又荣获CCTV"中国十大魅力湿地"称号。

巍巍贺兰山可以做证，农建第一师的几千名官兵们如何从战场转向农场，如何从手握钢枪变换为手握锄头和铁锹，如何从一名光荣的人民解放军战士转变为农场的一名职工，我想，那个过程一定是刻骨铭心的，一定是终生难忘的。后来有幸读到一篇相关的回忆文章，重重的责任、满满的自豪、深深的眷恋，全都在那每一个字句里。

即将要离开沙湖的时候，我看到了一只稚嫩的幼鸟从芦苇丛中懵懵懂懂地钻出来，它扑打着还没有长全的翅膀，兴冲冲地扎进湖水，水面上立刻荡起一圈圈亮晶晶的水波。幼鸟在水中欢闹着，它的身子在水上起起伏伏。它不停挥动着幼嫩的羽翼，在水中紧张而兴奋地挣扎着。我甚至有一种要跳下水去营救的冲动。向导招呼大家集合返程了。我恋恋不舍地沿着栈桥越走越远，回头一瞥，幼鸟已经成了水中一个模糊的小黑点，依旧在顽强地移动着。

我想，对于鸟们来说，这沙湖就是它们生死相依的家园。而对于宁夏人民和河套人民来说，贺兰山与阴山下，黄河之畔，这一草一木，这一沙一鸟，这一山一水，又何尝不是大自然赐给我们的最宝贵的家园。

沙湖就像掉落在河套平原上的一滴眼泪，让我想到了生与死、兴与衰的轮回，也让我似乎穿越历史的尘埃看到了河套平原上那一颗颗闪烁的星辰。遥远的天际，贺兰山伸开她长长的臂膀，融合着阳光和白云，融合着飞鸟的鸣叫声和鱼儿跃出湖面的律动身姿，向我们一起扑来。

作者简介

冷江，安徽池州人，现居北京。北京市作协会员、中国诗歌学会会员、中国散文学会会员、北京市丰台区作协理事。在全国各类刊物发表小说、散文和诗歌数百万字，作品散见于《青年文学》《北京文学》《安徽文学》《西部》《草原》《星火》《鸭绿江》《小说月报》《散文百家》等报纸杂志；多次在各类比赛中获奖，有作品入选各类年选。曾获第二届"王亚平杯"海内外诗歌大赛优秀作品奖、天涯非虚构写作大赛入围奖、第二届中国工业文学作品大赛优秀作品推荐奖、第29届梁斌文学奖小说一等奖、第30届孙犁散文奖、海峡两岸原创新媒体文学大赛提名奖、新西兰世界华文微型小说大赛二等奖等。

敦煌：东方艺术的会客厅

陈思侠

一

"两头毛驴上分装着我们一家的简单行李。我骑了一头，沙娜搂着嘉陵骑了另一头。时序又是初冬了，这是1945年的冬天。千佛洞前的白杨树全都赤裸着兀立在风沙中，落叶连同沙山上的泡泡刺，在已结冰凌的大泉宕河上飞旋飘舞。敦煌这时分外清冷和孤独，在朦胧的晨雾中显得灰暗而沉闷。"[①] 这一段动情的描述，出自常书鸿先生的自传《九十春秋——敦煌五十年》。

国立敦煌艺术研究所（敦煌研究院前身）成立之前，常书鸿先生就离开山城重庆，背负着筹备重任，在积雪未消的时节，渡过黄河、翻越乌鞘岭，踏上了河西走廊的荒原和绿洲，经过长年累月的艰苦跋涉、风餐露宿，于1943年3月抵达了"华戎所交一都会"的古郡敦煌，看到了莫高窟。按他自己的话说，到达莫高窟的第一天起，他们就感到有种遭遗弃的服"徒刑"的感觉，压在心头，而这种压力与日俱增。[②] 心心念

---

① 常书鸿：《九十春秋——敦煌五十年》，甘肃文化出版社1999年版，第79页。
② 参见常书鸿《百年大师经典·常书鸿卷》，天津人民美术出版社2021年版。

莫高窟菩萨群像（陈思侠摄）

念的莫高窟自此成了常书鸿先生的新家。数十年里，西北小城敦煌严酷的自然环境让一个江南学子经历了生活的困苦，也经历了家庭的悲剧，但是他对艺术的执着、对莫高窟的保护和修复，却从未懈怠过。

常书鸿先生在莫高窟，就是一根照亮洞窟的蜡烛、一个从不屈服的家园守护者。他带领年轻人清理淤沙、修复壁画，搜集整理流散的文物，撰写学术研究论文，举办壁画临摹作品展览，向世界宣告了这座人类艺

莫高窟九层楼（陈思侠摄）

术宝库的存在，宣传了敦煌文化的历史意义和艺术价值。如今，他就长眠于莫高窟前，生死相守，成了"敦煌的守护神"。

敦煌，是一座中华民族艺术的宅院。历史风尘难以掩埋艺术文明的印迹。敦煌，尤其是莫高窟，这片浓墨重彩绘就的神奇之笔，让沙漠的心脏里，有了反弹琵琶与伎乐舞蹈，还有农耕与游牧的融合……这一切，几乎使每一个朝拜者屏住呼吸而忘却了洞窟外的喧嚣、风尘和世俗，仿佛在纯净、洪大的乐声中，信步跨入了一座古代东方艺术的宅院。

若拾级而上，台阶的转角处总有一个积满了沉寂的洞窟徐徐打开。塑像、壁画有成百上千年的话语要倾诉：用眼神、手势、肢体和色彩，甚至用静默，却分明带着一份凝重与飞跃。一批游客走了，又一批游客来了，无论是什么肤色、何种国籍的人，都承担了这份沉寂和倾诉，都在这样的沉寂和倾诉中，得到了身心的净化，注目车水马龙、商贾熙攘的景象自敦煌伸延。

历史交给我们一把沉甸甸的钥匙，它是每一个洞窟的，也是敦煌这座宅院的。它的主人，是研究与传播艺术文明者，是把心血和精力融入苦旅岁月的灵魂，是在宕泉河断崖下与三危山沙尘中固守人类慧根的菩提树，在苦寒之地，用执着给黑暗的洞窟擎起走向世界的火把。

人文景观是敦煌神奇的力量之源。莫高窟大量的敦煌遗书和宗教艺术品，由古代穿空而至，那种浩瀚，传递了敦煌这一文化轻舟。召唤人们前去的不只礼佛，还有对古文明的心仪和传承。因而游走、驻足在洞窟、九层楼以及塔林中的人们，就如穿行在这座东方艺术的宅院里，品尽建筑的气魄和文化的芬芳。它的前方，以及在能够仰望它的各个路口，都有远归的驼铃声。甚至这座宅院的建筑上，是由普通百姓的劳作和想象支撑了门面，而不只是工匠的技艺和经验。每一个洞窟、每一座塔，都沾满了人间的泥土，汇集了百姓的心智，它的神奇才有了劲道和丰润。

我一个人默默地走到洞窟的对岸，在初夏的青草地上凭着风吹、听着鸟鸣，才感觉到塑像、壁画与现实同样鲜活和生动：这座宅院尽管固定在了时空中的某个瞬间，但永远保持了美的仪式。让到过莫高窟的人，让每一个对历史文明怀有深刻自觉和自省的人，都背负了敦煌文化的重担。

又有一串跫音响在石阶上，又有一炷高香被点燃，谁在心里悄悄地许愿？谁在这座古代宅院前，伸出了"叩门"的莲花指？

最早到敦煌，总是急于想看到壁画的。其实那时候，我对于莫高窟的壁画，仅仅知道一个"九色鹿"的故事，还是在电视上看过了动画片的。真正对这座"墙壁上的图书馆"的了解，是在后来的几年中慢慢加深的。

敦煌壁画的初创期，是在北朝和隋代，极盛期则由初唐开始。那个时候，观音已经由留着胡须的模式，进一步女性化了。到我们看到的"千手千眼观音经变"壁画出现，已经是元代，中原的画作已经成了风气。这个时候，莫高窟迎来了绘画艺术的复兴。敦煌的壁画，多是反映经变的，当然还有不少表现轻歌曼舞的。但是这在年代上，恐怕要早一些，因为

敦煌壁画（陈思侠摄）

它们镂刻了很深的龟兹印象。

不论是菩萨、天王、力士，还是乐工、舞伎、胡人、王子，在敦煌壁画中的这些形象，在服饰上都是极为鲜亮的。比如，在宋代的敦煌壁画中，就有了女子穿"超短裙""露脐装"的。如果写实，我们可以想象那个时代的开放程度。敦煌飞天是闻名天下的，这大约是中国《山海经》里记录的"羽人"吧。但是到了后来，羽人已经不长翅膀、不生羽毛了，一条舞带就让飞天女在凝固的画面上满壁风动。

比吴承恩的《西游记》成书早数百年的时候，与敦煌比邻的瓜州榆林窟，已经有了唐三藏师徒的取经图。那座石窟位于榆林窟群的西端，上面已经围成了一座小院子，石窟里除了壁画，还有窟中央的一群彩塑的金刚罗汉，金刚罗汉孔武有力地伸臂踢腿。那幅描绘西游取经的壁画

敦煌伎乐，李永军作品（陈思侠摄）

就在进了石窟的左手边，主体是一幅很大的水月观音像，在右下角，玄奘骑马，三个徒弟紧紧相随。根据民间传说，悟空这个头陀生长在瓜州一个叫东巴兔的小村子里。民间传说，这个头陀到达敦煌流沙河，就偷偷跑回来了，大约是吃不了苦。而《西游记》里，悟空倒是最能吃苦、最能忍辱负重的。

在敦煌表现婚嫁场面的壁画中，有关于奠雁的仪式。婚礼奠雁，一方面表现雁按照季节南北往返，不失时节；另一方面含有白首偕老的意思。这是十分有趣的，可惜如今早就不闻声息了。现在用来象征白首偕老，已经不是这种随阳之鸟了。

　　元朝，一个后世人人皆知的大旅行家马可·波罗，来到了敦煌。这个细心的行者，记录下了大量古沙州的民俗。比如棺椁内以香料防腐法的记录，将各类香树胶放入棺椁中，防止尸体腐烂。如今在河西走廊一带，汉族葬礼中，棺椁内还是要填充大量的香草——艾草。这种民俗的传承，与这一记述想来必有所关联。

　　敦煌壁画习俗里，还有一件事需要提起。今天的新春对联一说起源于过去的桃符。不过今天，对联已经演化成了一种民间语文——与时代、生活、追求等相关的祝词、颂词。敦煌遗书里有"书门左右，吾傥康哉"的桃符，这与如今的"书香传世，耕田治家"大体上一般吧！

二

　　敦煌藏经洞的发现，离不开一个叫王圆箓的道士。

　　余秋雨的散文《道士塔》开篇点明了王圆箓圆寂塔的位置："莫高窟门外，有一条河。过河有一片空地，高高低低建着几座僧人圆寂塔。塔呈圆形，状近葫芦，外敷白色。我去时，有几座已经坍弛，还没有修复。只见塔心是一个个木桩，塔身全是黄土，垒在青砖基座上。夕阳西下，朔风凛冽，整个塔群十分凄凉。有一座塔显得比较完整，大概是修建年代比较近吧。好在塔身有碑，移步一读，猛然一惊：它的主人，竟然就是那个王圆箓！"[①] 在莫高窟，三清宫住持王圆箓的圆寂塔的碑文凿刻

---

① 余秋雨：《道士塔》，《文化苦旅》，长江文艺出版社2014年版，第34页。

道士塔1（陈思侠摄）　　　道士塔2（陈思侠摄）

在黑色的大理石上，因而即使它镶嵌在沙砖白泥垒就的圆寂塔上，也与一般的圆寂塔截然不同。

1900年6月22日，举世闻名的敦煌莫高窟藏经洞被发现。道士王圆箓和英国籍的匈牙利人斯坦因，无意将敦煌文明推到了台前。在清政府风雨飘摇的时期，道士王圆箓在清理积沙时，无意中发现了藏经洞，并挖出了公元4—11世纪的佛教经卷、文书、刺绣、绢画等文物5万余件。这一发现为研究中国及中亚提供了数量极其巨大、内容极为丰富的珍贵资料。后经英、法、日、美、俄等国所谓"探险家"的盗窃和掠夺，藏经洞绝大部分文物不幸流散到世界各地，仅剩下少部分留存于国内。

斯坦因在著作中写道："在这个黑洞洞的密室内，不可能进行任何考察工作。上天保佑，王道士从古代写本堆中抽取出几捆卷子，让我们带到新建佛堂一间僻静的房间内，再拉起一道帘幕进行遮挡，以防外人窥探。我按捺住激动的心情，急急忙忙快速地把每一卷写本浏览审视了一番，马上便确定，这座密室宝藏无论从哪一方面来说，其重要性都是不言而喻的。厚大的卷子所用的纸张都十分坚韧。卷子高达1英尺左右，长度也达到20码以上。第一卷打开就是一部中文佛经，它的保存状况极好，大概与最初刚刚藏入这间密室时没有什么差别。"[1]这个黑洞洞的密室即藏经洞，今编号第17窟，而"新建佛堂"即新建的三清宫。其时，三清宫正在兴建当中，王道士急于筹钱，很快与斯坦因一拍即合，达成出卖文物的交易。斯坦因写道："因而我们立刻约定，用捐献一笔银钱作为寺庙修缮资费的方式来作为回报。王道士马上得到了很多马蹄银。无论是在良心层面还是在寺院利益方面，王道士都获得了足够的安慰，并因而表现出十分满意的样子。这也充分显示出我们之间交易的公平性。"[2]三清宫修建急需银钱，王道士适逢斯坦因，各有所需，由此拉开了藏经洞文物命运的悲剧之幕。

面对被窃走的经卷，我们对此所留下的也只能是一声沉重的叹息。如今很多人都会有这样的疑问：王圆箓究竟是一个怎样的人？对于王圆箓，后人的评价十分复杂。但我们不能够抛开特定的历史环境去看待一个具体的人。王圆箓出售经卷、彩塑所得的银子，并未用于自身享乐，而是全部用于修葺三清宫。王圆箓一介贫道，如何能理解这些文物的历史价值？

莫高窟开凿于4—14世纪，是中华民族艺术史上最大的艺术宝库。莫高窟在无声无息中度过了好几百年，直到贮藏了稀世珍品的藏经洞被发现。但是，不仅王圆箓不识货，而且清朝的官员也因不愿出五六千两运往兰州的交通费，只发了一纸公文令当地政府"妥为保存"。敦煌藏经洞的消息传出去后，各路盗宝者接踵而来，使珍宝被劫得所剩无几。

---

[1] ［英］奥里尔·斯坦因：《沿着古代中亚的道路：斯坦因哈佛大学讲座》，巫新华译，广西师范大学出版社2008年版，第216页。

[2] ［英］奥里尔·斯坦因：《沿着古代中亚的道路：斯坦因哈佛大学讲座》，巫新华译，广西师范大学出版社2008年版，第221—222页。

尽管盗宝者盗走了莫高窟的许多珍藏，但它本身的艺术价值丝毫没有降低，许多专家学者参观了莫高窟后发出了这样的评价："看了莫高窟就等于看到了全世界的古代文明。"

每一次游览莫高窟，都会为中国古代辉煌的艺术所陶醉，就像在风尘岁月里，忽然间看到了一颗纤尘不染的明珠，那种瑰丽的色彩、透明的折光、飞扬的弧线，以及与世界对话的歌声，让人们的灵魂，保持了敬畏和安静。回到道士塔下，王圆箓的生平文字，由凹槽中凸现出来："风骨飘然，常有出世之想……"这书写了"功垂百世"的三清宫的修建者、住持王道士业绩的碑文，就这样矗立在莫高窟门外，沐浴在今天的阳光下，等待后人的评判。

三

"敦者，大也。煌者，盛也。"大且盛故曰"敦煌"。

这里是飞天的故乡、佛教的圣地，是古丝绸之路的重要通道和节点城市，素以"敦煌石窟""敦煌壁画"闻名天下。千余年的时间里，敦煌莫高窟就像一名隐者，在西北的荒原里，依旧不肯褪去它的风姿。美妙绝伦的飞天、雍容华贵的彩塑、仪仗浩大的《张议潮夫妇出行图》、完整的《五台山图》，都记载了敦煌莫高窟无可替代的中华文化的辉煌与璀璨。

佛意气息浓厚的敦煌，究竟吸引了多少人的目光，留住了多少颗流连的心？在莫高窟这个世界级的艺术殿堂里，究竟是什么在驱使着、召唤着每一个虔诚的朝拜者？每回由莫高窟的洞窟里走出来，脑海中除了反弹琵琶的造像，总隐现着水月观音、散财观音、多臂多面观音等各种姿态的观音形象。那些独具魅力的造型，那些异彩纷呈的手势，实在令

菩萨，李永军作品（陈思侠摄）　　水月观音，李永军作品（陈思侠摄）

人过目不忘。

有一回，从北京来的一个女孩子出了洞窟，就在九层楼前，在明朗的阳光下，兴奋地一遍一遍学着观音的手势。她问我："像不像？"我看着她如醉如痴的模样说："学得很生动啊，你简直演活了！"她听了很高兴，说自己是学舞蹈的，这回开了眼界。我问她知道不知道高金荣老师，她讷讷了半晌。我说："学习敦煌舞，你该看看高老师编写的教材，她是一位敦煌舞蹈专家，正是她开创了'敦煌舞'流派和'千手观音'舞蹈剧。"

我虽然不是学舞蹈的，但是知道高金荣老师却很早了。大约是在20

敦煌舞乐图，李永军作品（陈思侠摄）

世纪80年代，在某家刊物上，我见到过高老师写的有关敦煌舞蹈的文章。那时候正是国内掀起敦煌学热的时候，各地的敦煌学者风起云涌，从宗教、艺术、文学、绘画、舞蹈，甚至医学等领域入手，意在打破理论界"敦煌在中国，敦煌学在外国"的偏见。我仔仔细细地阅读着所能够看到的这类文章。一篇能够将敦煌壁画演绎成活生生舞蹈的文章，我一定不肯放过。倘若我的剪贴本没有丢失，说不准可以找到原文呢。今天活跃在甘肃演艺界的不少人都是高金荣老师的学生。

　　看到高金荣老师根据敦煌壁画创作的舞蹈，是在20世纪90年代了。在音乐沉凝的氛围与煌煌灯光的映衬下，舞台上服饰华丽、造型灵动的千手观音,栩栩如生地展现了敦煌壁画上的艺术形象。如孔雀开屏的扇面，幻化出了佛界"千手遍护众生，千眼遍观世界"的禅意；如兰花开放的手势，显示了女子的娴静和优雅姿态。整个舞蹈展现了观音端庄、恬静、优雅的神态和内心世界的圣洁。这充满了神秘气息的舞剧，就是享誉中

国乃至世界的《千手观音》。

在《甘肃文艺》2006年第1期上,刊登了高金荣老师的文章《我是怎样创作舞蹈〈千手观音〉的》。她的文章不长,却解开了我多年对《千手观音》的不少疑问。比如我一直难于理解的一个问题:为什么观音有千手千眼?高老师在文中给出了解答:"观音听法以后发誓要安乐利益一切众生,于是身生千手千眼,用一千只手和一千只眼庇护和普度一切众生,大慈大悲,有求必应,解苦救难。"[1]因此,她创作成了这一舞蹈,"以慈善、祥和、优美为基调,用爱心赐予人间幸福、吉祥,给人以无限美好的享受"[2]。

---

[1] 高金荣:《我是怎样创作舞蹈〈千手观音〉的》,《敦煌舞教程》"附录二",上海音乐出版社2011年版,第197页。
[2] 高金荣:《我是怎样创作舞蹈〈千手观音〉的》,《敦煌舞教程》"附录二",上海音乐出版社2011年版,第197页。

敦煌艺术的魅力历千载而不衰，尤其是壁画上的舞蹈，优美、典雅，显示了肢体语言持久的活力。从 20 世纪 70 年代末就有的轰动一时的舞剧《丝路花雨》，到后来的敦煌乐舞，再到现在的《千手观音》，同样的一幅壁画作品被不同的表达方式演绎得千姿百态、生气勃勃。

为弘扬和发展敦煌艺术，高金荣多次深入敦煌莫高窟临摹壁画，潜心研究，不仅据此出版了敦煌舞基本训练教材，还形成了名扬陇原文艺界的"敦煌舞流派"。20 世纪 90 年代，她创作出教学剧目《敦煌手姿》，这应当是《千手观音》的雏形。1997 年，甘肃敦煌女子舞团成立后，她又对这一舞蹈进行复排，在原有的基础上更加丰富和突出了"千手观音"的造型。1998 年在北京演出时，根据舞蹈史学家王克芬的建议正式将其改名为《千手观音》。

在敦煌当地，根据敦煌壁画演绎出的舞蹈还有很多。其中敦煌宾馆飞天歌舞团多年来就排练出了好几种舞剧，并常年坚持演出，赢得了中外宾客的好评。其中有一出舞剧叫《敦煌宴舞》，其舞蹈结构、艺术造型和舞台风格，已自成一统，很好地阐释了盛唐文化的艺术精髓。由于地域的局限和发展环境的约束，我不知道这个"藏在深闺无人识"的舞剧能否走出敦煌，让更多的人认识它，感受它。

敦煌是中西方思想文化汇流的一个交叉点，这个平台承载了几千年中华艺术的根基。《千手观音》的产生，不过是采撷了其中的一朵小小的奇葩。今天我们面对砂岩下的洞窟，面对一幅幅壁画，又有多少有心人能发现新的艺术秘密呢？这又会带来多少新的艺术灵感呢？莫高窟不仅是关于色彩和造型的，它还有着思想和声音，有着一次又一次生命的机遇。

不论在何时，不论在何地，当那些柔软的、灵动的手臂缓缓舞动时，当那些纤纤素手合掌而立，在辉煌的灯火中，在一双双期盼的眼睛里时，欣慰的、动人的潸潸清泪流动不息。

四

瓜州榆林窟，据说是因为窟前有一条横穿而过的榆林河而得名的。这里至今保存有43个石窟，在当地民间，也有"万佛峡"之称。

榆林窟与莫高窟同在敦煌地区，与莫高窟相距170多公里，榆林窟被称为莫高窟的"姊妹窟"，其窟形、彩塑、壁画的特点、题材和风格，与莫高窟类似，同属敦煌艺术系统，保存相对完好。榆林窟现存洞窟最早建于唐代，上下两层，共43个洞窟分布在榆林河东、西两岸的悬崖峭壁上，东崖32个、西崖11个。

著名历史学家向达先生曾对榆林窟外景这样描述："石窟位于河之两岸，东西相距不及一百公尺，峭壁矗立，有若削成，石窟错落点缀于两岸壁间。河水为石峡所束，奔腾而出，砰磅訇磕，其声若雷。春夏之际两岸红柳掩映，杂花蒙茸，诚塞外之仙境，缁流之乐土，莫高窟所不逮也。"[1] 张大千先生对敦煌艺术也非常仰慕，还曾与书画家范振绪一起参观榆林窟，并赋诗一首："摩挲洞窟记循行，散尽天花佛有情。晏坐小桥听流水，乱山回首夕阳明。"[2]

榆林窟的壁画基本属于唐代至元代，这数百年里，画师工匠们的作品融合了多少"佛教东来，丝绸西去"的宗教、历史、文化的传播梦想，又在场面宏大的巨幅经变画上，添加了无数形象生动的装饰图案和种类繁多的奇花异草、飞禽走兽，至今令人慨叹不已的藻井图案，就在其中。

---

[1] 向达：《莫高、榆林二窟杂考》，《文物》1951年第5期。
[2] 高生荣、康付明主编：《瓜州史话》，甘肃文化出版社2011年版，第33页。

榆林窟（陈思侠摄）

榆林峡谷（陈思侠摄）

这些作品中还有一些记录了当时人们的生产生活方式，比如西北地区流行的二牛抬杠、小麦打碾等的耕作方式。

值得一提的是，榆林窟最出彩的壁画多来自西夏时期。西夏文物遗存不多，后人也只能从这些珍贵的壁画里，捕捉一些西夏的历史信息了。比如榆林窟第2窟西壁的水月观音画像，绘制之精美、色彩之华丽、人物之生动，可谓登峰造极，人间绝品。似乎一股微风拂过，满幅壁画便会飘动起来。

千百年来，榆林河滔滔不息，两岸的榆树、柳树，黄了又绿，绿了又黄。时光的轮回间，文化传承，亘古不易。

五

在积雪皑皑的祁连山中，人们很难想象，有这样一个水草丰茂、绿树环绕的小村庄。这就是玉门昌马，一个传说中西征女将樊梨花的养马之地，一个被今天背包客们惊呼为"天境"的美丽乡村，而昌马石窟就在这里的山体断崖上。惊天的人文奇观，藏在一个草没马背的偏乡僻壤，多少让人觉得有点不可思议。但就是这样神奇的存在，让我们看到了昌马石窟这个和敦煌莫高窟、安西榆林窟并称的"姐妹"石窟。

30年前，我与玉门的朋友一起走进了尘封的昌马石窟。那里位于昌马乡水峡村西面的山崖间，离地面大约20米，有点悬空的感觉。一名文物保护员找来一架木梯子，搭在崖壁上，我们才攀上了石窟的门口。4座石窟装了木门，用铁链子锁起来。打开锁链，进入窟中，一片漆黑。我们打开手电筒，借着光亮，看到了被盐碱侵蚀的斑驳的壁画，色彩很多已经脱落了；有些雕像被人毁坏，破损严重。尽管彩塑已经显露出了麦草的筋骨，壁画的背后也露出了石窟原有的砂石，但是坐佛、飞天的形象还是栩栩如生,天衣飞扬,满壁风动。我看到了历代画师工匠的坚韧信念,也看到了他们独具匠心的艺术气质。那是中国画里才有的飘逸的线条、明丽的色彩、富有鲜活生气的造像,那也是他们的梦境和远方。

昌马石窟的开凿时间最早在北凉时期,后来在元明时期,都有续凿和修复。这里本有石窟24座,分为上窖石窟和下窖石窟,就在今天的水峡村的上窖山和下窖山一带。但是因为地震,很多已经坍塌,不见踪迹。1932年12月25日,昌马盆地发生了震级为7.6级的强烈地震,使上窖石窟的12座洞窟全部被震塌,石窟中的壁画、彩塑全部损毁。下窖石窟中的大多数洞窟也被这次大地震损毁,只有如今我们可见的4座洞窟幸存。

昌马石窟与敦煌莫高窟、安西榆林窟及新疆的石窟寺一样,其彩绘和彩塑的手法娴熟,造型生动,色彩艳丽。壁画和雕塑反映了当时社会的生产和生活状况,也渗透了较为浓厚的佛教思想。其艺术手法与敦煌石窟艺术手法极为相似。尤其是壁画的艺术风格与敦煌莫高窟西夏壁画风格类似,人物比例准确、线条浑厚。西夏风格的壁画为何在这里出现?它的历史背景是怎样的呢?

翻开沉重的历史书卷,我们可以看到:宋朝时,青藏高原的一部分,包括河西走廊一带,均为西夏统治的区域。榆林窟第29窟,绘制了很多西夏供养人像,其中有瓜州监军司高级官员。西夏庶民穿绿色衣服,文武百官戴冠,着红色衣服,佩短刀,穿靴,秃发,耳重环,这一西夏的装束特征在不少石窟的壁画像中都有体现。西夏时期的人们还崇信佛教,尤其是在后期。安西榆林窟第3窟西夏壁画中的乐舞图,所描绘的两个舞女上身半裸,斜披绸带,露一肩,戴冠;颈、手臂有璎珞、臂钏、手镯等饰品。二人姿态雄健,具有游牧民族的特色。而莫高窟壁画中的童子飞天像,舞者梳小辫,双足着靴,由此可以想见这必是西夏的儿童舞蹈。

昌马石窟下窖第3窟的西夏持莲蕊飞天，舞伎戴花冠，手持莲蕊，飘带飞舞的画像，也是极为珍贵的。

我想，沿着疏勒河这条主线，逐水草而牧的西夏游牧民族，在祁连山以北地区的牧场分布，昌马石窟在上游，榆林窟在中游，莫高窟在下游。它们交相辉映，共同构成了艺术的桂冠。在它们必然的连接中，该有一条剪不断的纽带在。在同一个时期，这些画匠们都在大河的悬壁上选择了绘画艺术的高地。他们所用的颜料、所习惯的色彩、所崇尚的姿态、所要表达的宗教情感和生活场景，让这一条大河传输出了一个民族的思想，承载了千年历史的风尚和底蕴。这是确实存在过，也至今存在着的。

2000多年前开辟的丝绸之路，不仅是一条贸易之路，也是一条友谊之路。由此，"和平合作、开放包容、互学互鉴、互利共赢"的丝路精神薪火相传，推动了人类文明的不断进步。2019年8月19日，习近平总书记在敦煌研究院座谈时的讲话中指出："敦煌文化展示了中华民族的文化自信。只有充满自信的文明，才会在保持自己民族特色的同时包容、借鉴、吸收各种不同文明。"在今天，敦煌文化是中华文明的典型代表，敦煌文化的传承与弘扬，已成为我们守好文化"根脉灵魂"的关键。第六届丝绸之路（敦煌）国际文化博览会，以"沟通世界：文化交流与文明互鉴"为主题，统筹安排了专题展览，展出了几十多个国家和地区的文化、艺术、文物等领域的10万件展品，展示了丝路沿线国家和地区文化交流和文明互鉴成果，展现了"各美其美、美美与共"的丝路艺术魅力。

徜徉在敦煌这座东方艺术的会客厅，丝路文化正通过大数据时代的"数字敦煌"和"云游敦煌"项目向全球推广，让我们看到了中华民族的文化自信，看到了一个古老东方大国崛起的力量。

美哉敦煌！大者敦煌！

作者简介

　　陈思侠，中国作协会员。作品见《诗刊》《星星诗刊》《飞天》等，出版和发表《我指给你看酒泉的春天》《凿空》《酒泉百景》《漂移在酒泉的历史遗迹》等作品集多部，获得甘肃省第八届敦煌文学奖、酒泉市第五届飞天文艺奖一等奖等。

胡杨的绚烂、弱水的轻巧以及汉简的孤寂

汪 泉

一

有一个人,像胡杨,还有一个人,也像胡杨。前者是霍去病,后者是路博德。说霍去病像胡杨,因其征战匈奴而声名远播;熟悉路博德的人不多,他去来居延与岭南,终究埋骨流沙。

彼时,流沙已经被称为"居延"。弱水缥缥缈缈,自祁连山而来;居延海阔大无边,倒映蓝天白云;胡杨林郁郁葱葱,如散发修行的道士。此地水草丰美,羊和骆驼怡然自得。树下躺着匈奴右贤王、浑邪王。不远处,有一棵年轻的胡杨。

这棵胡杨至今还活着,在额济纳旗苏泊淖尔苏木人民政府的所在地。我站在这棵树下的时候,正是仲秋的一个早晨,当地文史学者李靖站在树旁边说:"据测定,这棵胡杨树树龄在千岁以上。"话音落下,一时荒远如2000多年前的一个黄昏。它的树干粗糙,树叶有三种形态:有的如柳叶,细长而质弱,薄若纸片;有的若枫叶,叶边有齿,茎脉毕现;有的像杨树叶,翼然若飞。神奇的造物主将这三种形态各异的树叶置于一棵树身上,自有它的道理:要耐寒、要适应、要美丽。这就是胡杨千

额济纳胡杨林（汪泉摄）

年不倒，倒了千年不死，死后千年不朽的生理原因。如今，这棵树的周围有五六棵子孙树，围成一个圆圈，也显得苍老通透，见识不凡。比起这棵树龄千年的"胡杨王"，那一圈子孙树也不年轻了，或者说，相差无几。这个圈，可真像一个古老悠长的幸福之家。

由此我认为，胡杨总是在构造这样一种共生圈，有一棵最早的树，在周围努力繁殖一圈小树，小树再向外围繁殖，便会一圈又一圈繁殖下去，最终就是一片林，越是外围的越年轻。时令正是仲秋，不远处，年轻的胡杨林早就耐不住寂寞，周身是绚烂的金黄，在晨光下若一群着装一新的少女，嬉闹欢呼，其声清脆，其形也妖娆。而这棵"胡杨王"却安之若素，不急不躁，照样是一身的绿，没有任何变黄的迹象，像忘记了季节一般。

不远处便是胡杨岛，被一片黄沙瀚海包围，不知其情状若何。

二

公元前121年，这棵后来被称为"胡杨王"的树，彼时还很年轻。也是一个静谧的早晨。流沙无声，不远处的弱水像一条哈达，晨阳正将世界涂抹成最美好的时刻。"天下之弱者，有昆仑之弱水焉，鸿毛不能起也。"[①]《山海经》由此载其名为弱水。弱水三千，似托不起一根鸿毛，纤纤若女子，窈窕柔弱；善利万物，若漠北大地之母，养育了张掖与一片阔大的额济纳绿洲。如今，它的名字叫黑河。历史上，这里数次易名：合黎水、羌谷水、鲜水、张掖河、甘州河等，其源头在祁连山的高峰，如今被称为"八一冰川"的地方，远远看去，高洁若在云端，像大地之母洁白的额头。

冰雪融水接天连地，东流至黄藏寺，汇俄博河；西流入河西走廊，流经甘州、金塔、临泽、高台，有千年大渠数百，灌溉绿洲，宛在天上，或有或无，远非寻常，似在非在，像另一种人生；看似存在，恰似虚构。随性散步的弱水，在河西走廊吟唱，其声调低，传得却久远，像蒙古族歌手的呼麦，苍凉而低沉。如果非要将其喻为一个人，便是老子。孔子问礼老子时，据说老子已两百岁，时为周朝柱下史。当年老子骑着青牛，西出函谷关西游。关尹喜见紫气东来，知道这里必有神人路过，便用长帚清扫道路，以清水洒尘四十里，终究迎来了这位髯须皆白、不知高寿几何的人物。老子授之以长生之道，教戒五千言，此便为《道德经》。人间关口之多，守之何用？世上关口诸多，渡之何难？关尹喜自此弃而不守，弃而不渡，守望之间，便得自在，遂弃关而随老子西游至流沙之西，服食黑胡麻，升于昆仑。又传说，老子入夷狄为浮屠，化胡为佛。

[①] 袁珂校注：《山海经校注》，上海古籍出版社1980年版，第280页。

鱼豢《魏略·西戎传》曰："老子西出关，过西域，之天竺，教胡。"[①]老子的脚步越过流沙，踏上了古印度的大地。

大禹，是见证并命名此水的第一人。站在高处看，此水如烟火升起又消失。《尚书·禹贡》曰：大禹"导弱水至于合黎"，弱水和合黎水在山丹汇聚西行，似有天助。大禹如牵着一条云带，引着弱水，去人间烟火处，自山丹东南的源头开始；如牵着一个顽皮孩童之手，不再无边地游荡。如《尚书·禹贡》中所说"余波入于流沙"，大禹对弱水长吟："此地叫流沙，去吧。"它在时间之外，弱水三千，流沙三万。

谁能够像弱水一般，远赴时间的怀抱？弱水是赤子，未经省察，奔流而去。流沙长大，改名居延海。

彼时，那棵尚且年轻的胡杨王正凝眸远眺，19岁的霍去病率领汉军呼啸而来。这一年正是西汉元狩二年（前121）。春日的八千余首级，令匈奴飞泪，浑邪王的儿子被掠，休屠王遥乞长安时，首级落地。这一年的夏天，这个身影再次出现在居延，获匈奴三万首级。两年后的元狩四年（前119），漠北之战，汉武帝令卫青、霍去病抗击匈奴，越离侯山，渡弓闾河，与匈奴左贤王战，歼七万余人，俘虏匈奴屯头王和韩王及将军、相国、当户和都尉等八十余人，乘胜追杀至狼居胥山，在狼居胥山举行了祭天封礼。此后一直攻击至北海（今贝加尔湖），方才班师回朝。

在这次征战中，"胡杨王"一定见证了另一位隐伏在历史深处的人，他就是路博德。此人正是追随霍去病的征战者之一，当时他仅仅是右北平郡（今内蒙古自治区赤峰市宁城县一带）太守。如果把他的人生划分段落，那一定是如胡杨一般的三段，而第一段正是追随霍去病征伐匈奴，

[①] 转引自（西晋）陈寿著，（南朝宋）裴松之注《三国志》，浙江古籍出版社2000年版，第535页。

路博德当年率部随从骠骑将军霍去病征西有功,"会与城,不失期,从至梓余山,斩首捕虏二千七百级,以千六百户封博德为邳离侯"[①]。第二段便是霍去病卒后,路博德被封为卫尉,为九卿之一,伐破南越,还岭南大地安逸,升为伏波将军。如今的广西防城港市内就有一尊他的雕塑,他骑着一匹骏马,马蹄下是一波三折的洪涛,飘逸而来。而来到南越平叛的路博德犯了一个错误,最终被削去爵位,即将迎来接下来的第三段人生。

三

当路博德再次来到这棵胡杨树下时,已然老之将至,官职被降为强弩都尉,他一身疲惫,满脸沧桑,看不出是从温润的岭南而来,倒像是从一场沙尘暴中钻出来一般,皮糙肉厚,如胡杨树皮一般。他总是阴沉着脸,遥望着滚滚而来的弱水,在思考简单却又复杂的人生,正如这条河流,远从祁连山的冰川发源,经过山丹、甘州、金塔,一路滋养了众生,奔涌到了他身边的居延海,停止了脚步,汇成巨大的湖泊,荫庇一方。

霍去病封狼居胥山,为骠骑大将军,于元狩六年(前117)猝然而终,年仅24岁。15年后的太初三年(前102),居延都尉府迎来了首任长官路博德,作为前伏波将军,他被再次擢用为强弩都尉,驻守居延,构筑居延都尉府、长城、要塞、烽燧等军事设施。

故乡太远,路博德回不去。他便以弱水为师,留在此地筑城守望。守望什么,他似乎还没有想清楚,抬头看看这棵胡杨树,他似乎明白了

---

① (汉)司马迁撰,胡怀琛选注,卢福咸校订:《史记》,崇文书局2014年版,第268页。

些什么，万里风尘归来，此后的人生便在此地。

汉晋时的居延城遗址已然成了一片荒草，在今额济纳旗巴彦陶来苏木东南不远处，一堵短墙隐隐匍匐在褐黄寂静的荒原上，这是城墙，和额济纳旗现存的汉长城一样，在风侵雨蚀之下，显得格外苍老衰败，像一抹狭长的坟丘，埋葬着2000年前的守望。远处难以辨析，只能看到几个长满柽柳的荒丘，人们叫作"红柳冢"，其实是城内建筑倒下之后，红柳种子乘风飞来，被阻挡在此处，而后生根发芽，一直陪伴着这些被掩埋的建筑。周围也有倒下的胡杨，似乎独木难以成林，枯枝横陈，像一具具干尸。

温都格城，形状如高大的沙丘。残断的城墙和居延古城一样，都是夯筑起来的土墙，但整体形制尚在，风吹过的痕迹也在。风横吹而过，墙面上一道一道的横凹槽，正是一载又一载风沙吹动的纹理。肩水城（东大湾城）和红城的形制比起居延古城的样子来完整很多，应该是西夏时被维修使用过。红城方方正正，长、宽22米左右，占地仅500多平方米，像一户人家的庄园，孤零零地横亘于戈壁。

我平生第一次见到塞：甲渠塞。塞是建筑，也是军事设施，由鄣、坞、烽燧组成。甲渠塞在额济纳旗达来呼布镇南24公里处，俗称"破城子"，其形制如红城，只是城内有鄣。鄣是一个20米见方的小寨子，用土坯建成，有马面，可登城头。鄣南面为坞，长、宽45米左右，坞门在东，门外有瓮城，坞就是小城。坞南50米处有烽燧，即方形土台。

对于塞、关和城的称呼有时候是混用的，也许是后来改了叫法。譬如肩水金关和地湾城，形制相似，也是完整的土寨子，因其坐落在弱水之侧，像挑在弱水肩上，故得名。肩水金关始建于太初三年（前102），路博德所建，是通往河西走廊的咽喉所在，也是抵挡匈奴南下的一道重要防线。

还有卅井塞、殄北塞、遮虏塞、橐他塞，这些塞均在路博德的手中陆续建成。长城、城、障、塞、亭、燧，组合成为一个有机的边疆防御体系。

四

经历过南北沙场的路博德治兵应该很严格，按照惯例，他要求守塞将士每天写下守关"日记"，还要收存军政文牒、法律文书、制度典籍等。纸还没有普及，拿什么作载体？这些"日记"记在哪里？没有纸，没有竹片，只有树木。什么树木最多呢？是胡杨。他们一定没有想到当初随手斫伐的胡杨木，居然真的千年不朽，守边将士合理安排劳动力，有人守关，有人砍伐胡杨，将其削成指头宽窄、一尺有余的简片，交给专门负责记录边事的书记员，书记员则拿出随身携带的笔和墨，找一块凹形的戈壁石板为砚，研墨；一边构思当日发生之事，何种遣词。有事则长，无事则短。偶尔，书记员心血来潮，就会写上一篇短文。

多年以后，一位名叫贝格曼的瑞典人来了，在黑城障塞发现了一片小小的精巧木条，木条上字迹清晰。那汉字笔画若西汉阵前的长剑短戟，宽刀薄刃，气势恢宏；不是规规矩矩的汉隶，而是带着草书的笔意，也许是边地书记员无暇细细书写，也许为抄书来得快，尤其是捺如阔刀，竖似铁杵，豁达肆意，仿若阵前将士，冷面肃然，横刀立马。

当地学者李靖熟悉这材质，他毫不含糊地说："居延汉简是胡杨木做成的。"随之又补充道，"也有柽柳做成的，不多。"想必胡杨木简偶尔用完了，情急之下随手砍下一根柽柳条，三刀两刃出来几根木简，也是举世闻名的"居延汉简"材质之一。

柽柳的花季也在秋日，因其生长环境宽大，枝条恣意夸张，像凡·高油画中的向日葵，也像其油画中天上卷曲的流云。花开时节，色彩艳丽，枝蔓妖冶，因花色呈现紫红、粉红、绯红、大红，故又叫作"红柳"。20世纪80年代，武威有一份杂志，就叫作《红柳》。眼下，正是红柳花季，枝头迎着阳光，细碎的花恣意开放，枝条像街舞者，随性，不拘泥，不传统。因叶呈绿色，枝干金黄，又被称作"五彩柽柳"。柽柳极其耐旱，只要稍有机会，略有雨水，便硬撑着不倒。前两年，我在岭南四大名园之一的顺德清晖园见到一株红柳，一眼便认出来，像故人一般。是柽柳，长得郁郁葱葱，估计很少有人知道这种植物的妙处，在岭南大概也只有我知道吧。我在那一株红柳面前站立了很久很久。

路博德终究老逝于居延海边，以其滚烫的热血滋养了一棵胡杨，而以胡杨为载体的汉简却记录了这个王朝和时代，因而生生不息。

不得不说，从远处看，黑城（亦称"黑水城"）像一堆枯萎的胡杨，堆积在一起。我们到来的时候，黑城正在维护，暂不对外开放，我只好在远处看了几眼。白塔熠熠生辉，像一种方向。黑城，蒙古语称为"哈拉浩特"，距达来呼布镇东南35公里。这是一座大城，眼下城墙也高达10米左右，长、宽400米左右，面积约15万平方米，堪当"气势恢宏"四个字。这是西夏王朝的一个军事重镇——黑水镇燕军司，元军将其毁灭，在其上扩建黑城。明灭元，该城废弃，沉睡700余年，其下掩埋着西夏王朝的历史。1908年被俄国探险家科兹洛夫发现，后来斯坦因等随其而至，一大批珍贵的西夏文书被屡次挖掘出土后，带到了欧洲。

黑城的城门终究会大开，届时，我或可跨进它的门槛。

额济纳旗东北方不到10公里处，有一个岛，叫胡杨岛。岛外，有一条河，远远看去，乌沉沉的一脉河水在流淌，波涛起伏，甚至有涛声暗涌。走近前才发现，这完全是一条流沙河，河床上流淌的不是水，而是沙，没有一滴水。沙的颜色乌青，在微风下缓缓流淌，波纹起伏，跌

黑城一角（李长辉摄）

黑城一隅（陈宗器摄）

宕有致。

  这是一个早晨，沙面上没有任何足迹，连走兽的足印也没有，河面干干净净，只有乌青的流沙。我蹲下身，抓一把流沙，细细看，那流沙细腻，润滑如水；捧在手中，冰凉；展开手指，那沙便如流水一般，从指缝流下去，在风中飘扬而去。也许，这就是此地最早被称为流沙的原因所在。

  岛内的胡杨和黄沙融为一体，色调极为和谐，正值金秋十月，胡杨叶金黄绚烂，如同满树盛放的花，这就令人想起初冬时节岭南的黄花风铃木来，也是一样的美，只是胡杨的黄得来不易。据说是因为缺水，胡杨才由绿色变成了黄色，李靖称之为"病态美"。他说，如果水分充足，是不会变黄的，或者说来不及变黄，一夜重霜便将树叶尽皆打蔫，继而一场寒风便将所有繁华吹落。令人悲伤的绚烂，矗立在瓦蓝的天空下，像一个人的人生，令人感怀。

五

  如果说还有第三人像胡杨，那就是李陵。说路博德像胡杨，是缘于他的生命力，作为伏波将军，他杀敌建功，塞上的焦渴和风雪未令其惧怕；征伐岭南南越国，他照样适应湿热潮湿；回到当初建功立业的居延，他索性扎下根来，以边地为家，终老于此地。而李陵却不一样，他是那种被屡次误会又被屡次召唤而不归的人，明知结局，却不变更。他的身边也有胡杨，他便如金秋时节的胡杨，绚烂而无奈。

  李陵当初是因为飞将军李广的骁勇而被召唤的人，他的命运似乎注定和居延相关，而和胡杨这种植物相媲美的却是其魂魄。当初，汉武帝认为陇西李氏天生就适合带兵打仗，让他只带领八百骑兵深入匈奴腹地两千里察看地形。八百骑兵撒在这荒原上和一堆散石没有区别。李陵也许渴望偶遇匈奴,获得惊天动地的战功,可惜直至居延海也没有遭遇匈奴。汉武帝便命令他驻扎在酒泉、张掖一带,教习射箭,其实就是屯兵防御匈奴。

  如今酒泉金塔和额济纳旗相距300余公里,驱车也就半天时间,而在当时,已经非常遥远了。天汉二年(前99),李广利率三万骑兵在祁连山一带进攻匈奴右贤王,而李陵奉命带领步兵、弓箭手五千人向北经过居延海上千里,以此分散匈奴的兵力,目的是达到了,李陵却陷入了匈奴八万大军的包围之中。那一年的胡杨应该茂盛无比,藏在胡杨林中的李陵部弓箭手射杀了匈奴上万,自损过半。李陵部且战且退,在距离居延海不到百里处,被匈奴在一个狭窄的山谷截断了去路。此时,一个人应该来,却没有来,此人正是路博德。无论路博德是什么原因,是没有赶到,还是不想居于人下?终究,李陵五十万支箭矢射尽,三千兵卒以车辐为剑,背负峡谷垒石,与匈奴搏杀,直至剩余近四百人,李陵散尽军卒,让他们归朝报信,而他却说:"无面目报陛下。"[①] 他被匈奴生生绑缚,算是投降了。

  站在额济纳旗的穿沙公路向北望去,一脉不高不低的群山黑白相间,山前是一望无际的戈壁,没有任何遮蔽,没有树木,没有村庄,没有人烟,甚至连羊群也少见。这座山就是汉代的鞮汗山,横陈在额济纳旗的西面,山中间有一个明显的豁口,一个山谷险峻如虎口,远远就能看到,隐隐有山岚之气在浮荡,似乎飘浮着公元前99年的气息,还有马蹄之下的烟尘、匈奴和汉朝人之间的叫嚣、兵刃相向的撞击。我想,就是在那鞮汗山山谷,李陵被俘。在将近2000年后,远在岭南的大儒屈大均写下《咏

[①] (汉)司马迁撰,(南朝宋)裴骃集解,(唐)司马贞索隐,(唐)张守节正义:《史记》第9册,中华书局1959年版,第2878页。

李陵》时也曾感慨万千:"鞮汗山前落日催,三千剑客委黄埃。"

彼时,西汉朝臣都在辱骂李陵,说他败绩,屈膝投降,失节于大国。这骂声像北地滚滚而来的沙尘暴,即将遮蔽真相。信与不信,汉武帝尚在两可之间,派人去匈奴找寻李陵,而寻找者回报李陵已经在为匈奴训练部队,不肯回来。这下真正惹恼了汉武帝,下令将其母亲、妻儿全族灭门。事实上,找寻者找到的人并不是李陵,而是另外一个姓李的人。然而,得知真相已经又是数年之后的事了。当苏武牧羊被匈奴俘获,与李陵在北海相会,将其全家被灭门的消息告知李陵时,李陵再也不想回去了,便送给苏武一群羊,以保全其性命,以成全其气节,就此别过。

获知真相并不难,难的是敢不敢说出口。司马迁便是记录真相的执笔者。

在司马迁《史记·李将军列传》附李陵传[①]关于李陵的这段不到500字的记载中可以见得,司马迁信然,辩。辩的结果是在李陵被俘的次年,即天汉三年(前98),司马迁受腐刑。"七年而太史公遭李陵之祸,幽于缧绁。乃喟然而叹曰:'是余之罪也夫!是余之罪也夫!身毁不用矣。'"[②]

谁将孤寂,谁将绚烂,恐怕司马迁生前也难以预判。而他自己也是像胡杨的第四个人吧。

六

黄沙漫漫,没有风,便不会被吹起来;它覆盖在历史之上,显得十

[①] (汉)司马迁撰,(宋)裴骃集解,(唐)司马贞索隐,(唐)张守节正义:《史记》第9册,中华书局1959年版,第2878页。
[②] (汉)司马迁撰,(南朝宋)裴骃集解,(唐)司马贞索隐,(唐)张守节正义:《史记》第10册,中华书局1959年版,第3300页。

分庄严。我穿过流沙弱水，在沙面上留下的足迹清晰可见。穿过流沙河，便是胡杨岛，也就是说，对岸就是一片金黄的繁华，这在大漠深处，堪称胜景。这份景致并非难得一见，而是在一年三百六十日，风刀霜剑之余，上天尚未忘记公平地赐予如此喧腾的几天，亦属稀罕。我们一行都未免俗，有一人发现了一截腐朽空洞的胡杨，将其架在高处，从腐朽的洞孔中拍照，的确是一大发现，似乎是透过3000年的时间长河，观照当下。他们摆着各种姿势，和胡杨同框，目的就是沾点胡杨的寿数，或者得以获取同样的繁华。

等我们穿林过丘，阅尽繁华，归来的时候，流沙河面上的脚印早已消失殆尽，其间相隔不到两小时，似乎是穿越漫长的时光，此前的脚印像留在水面上一般，随水而逝。

夕阳西下，我们终究要面对弱水。弱水的干流便是如今的黑河，进入额济纳便是额济纳河。河床不时随性地露出河面，一如流沙，波纹粼粼，乌沉沉一片，似是暗流涌动；水面在夕照中金黄一片，倒是不见一点涟漪，静得像一面破碎的镜面。令人难以分清究竟是沙在流，还是水在流。水和沙，散漫地纠缠在一起，分分合合，交叉如漫长的时空，分割出无数的大小洲渚，令人联想到大禹的宽袍大袖，在风中如何飘摇。居延海在更北方，东居延海欣然接纳着来自祁连山的清流散水，西居延海坦然拥抱那些来自中原王朝的豪杰英魂。

逝者如斯夫。幸有胡杨，幸有汉简，幸有太史公。

作者简介

汪泉，中国作家协会会员，广东人民出版社燧人氏工作室主任，副编审。曾获中国小说学会短篇小说征文奖、敦煌文艺奖、黄河文学奖、梁斌小说奖、澳门文学奖、中国长诗奖等。出版有中篇小说集《阿拉善的雪》，短篇小说集《托钵记》，长篇小说《枯湖》《随风而逝》《西徙鸟》，长篇历史文化散文《湘子桥畔：乡书乡音乡情》、《画说杭州》（合著），人物传记《闲云出岫望黄公》《光焰摇曳——变革与守望的梁启超》等。先后在《解放军文艺》《传记文学》《中国作家》《散文》《作品》《小说月报（原创版）》《飞天》《四川文学》等杂志发表中短篇小说、散文等若干篇。

天下西江

余达忠

一

我第一次到西江的时候，这里还是一座本色的苗族村寨。

那是20世纪90年代末期，我刚刚到凯里市工作不久，黔东南苗族侗族自治州文联组织了一次笔会，带着大家到西江转了一圈。

第一次看到西江，我被深深震撼了。

苗岭山脉主峰雷公山的余脉巍列耸峙于白水河畔，不知道是白水河环绕着山野，还是这一片莽莽山野拱卫着白水河。站在远处俯瞰，那些依立在山坡上的人家村寨，就像几个随意散落的精致符号，点缀在茫茫山野之中。白水河从雷公山深处逶迤而来，在西江扭了一下腰身，拓出一片浅浅的谷地，就成了西江人耕作的田亩。当车辆从高高的山梁上蜿蜒而下，到达谷底，进入西江的时候，抬眼望去，立在五座山上，挨挨挤挤、依山就势而筑的上千幢苗家吊脚木楼，则显出一种恢宏的气势，一下子将山野衬托得遥远了，显示出人伟大的创造力和想象力——人类是生活的创造者，在大地上创造出属于人类的居所。西江千户苗寨正是西江苗家的作品。

西江千户苗寨是一个有600余年历史的古老苗寨，位于贵州省黔东

华灯初上的西江1（余刚摄）

南苗族侗族自治州雷山县东北雷公山麓白水河畔，是中国最大的苗族自然村寨，也是最能体现苗族文化特色的村寨。600余年前，西江苗寨始祖构寅、构卯在今榕江、剑河交界处和西迁的苗族大部队"分鼓"后，率族人翻越著名的雷公山，先落脚在雷公坪，后顺白水河而下，在白水河畔的沼泽地安居下来。西江原称"仙祥"，是苗语的音译，意为"荒凉多鬼的地方"。清雍正年间，清政府开辟"新疆六厅"后，设鸡讲司，为丹江厅（今雷山县）所辖，"仙祥"改名为"鸡讲"。1916年，依历史名称的谐音，"鸡讲"改为"西江"。

西江由村寨组成，所属村寨都属于一个"鼓"。鼓，又称"鼓社"，苗语为"阿拉江略"，指的是"有共同血缘的宗族"。传说苗族西迁时，每个宗族的队伍都置有一个鼓，以鼓认宗，敲鼓前进以作联系，以免掉队。迁到新的居住地后，也按鼓来建立社会组织，因而称为"鼓社"。西江是苗族地区最大的一个鼓社，聚居于白水河畔五座逶迤而下的山上，

华灯初上的西江 2（余刚摄）

  吊脚木楼从山脚一直依山就势建筑到山顶。在五座山上，千余幢吊脚楼鳞次栉比、负势而上，与蓝天白云交相辉映，气势恢宏。从对面山坳上看去，一座体量庞大、依山就势而建的苗族村寨立在白水河畔，吊脚木楼层层叠叠地从山脚一直延展上去，在夏日明亮的阳光下，黑沉沉的瓦楞上氤氲着青色的光芒，涂髹着浅色桐油的杉木壁板泛着棕黄色的光亮，给整个村寨一种柔和温暖的感觉。家家屋檐上都装饰着鸟喙式的飞檐，有一种腾空欲飞的姿态，村巷在木楼间蜿蜒着，曲曲折折伸向山顶，隐秘在古树竹丛中……天下西江确实葆有天下第一苗寨的那种张扬与自信，能够给第一次到达苗寨的游人一种震撼力——如果高亢的苗族飞歌再唱起来，真会将人引向一种亢奋忘我的境界……

  天下西江，首先就在于磅礴天下的气势。我到过很多苗族村寨、侗族村寨、布依族村寨，但没有一座村寨像西江这样富有气势，这样给人以文化上、空间上、结构上的震撼。

二

我第二次到西江是在 2000 年，西江进行旅游大开发的前夕。我专门调研了西江的鼓社制，采访了西江苗寨的鼓藏头，并写下一篇《文化薪传：千户苗寨鼓藏头》的长文。

西江千户苗寨是按照苗族鼓社制构筑起来的。600 多年前，苗家祖先最早到西江来时，住在羊排寨上，即现今活路头和鼓藏头所在的寨上。传说苗家祖先有四个儿子，分别叫将、羊、侯、党，将是老大，天天领着兄弟几个种地；党是幺儿，得到父亲宠爱，整天在家吹笙跳月。父亲临死时嘱托，将是老大，就专门管生产，做活路头；党是幺儿，就管祭祀娱乐，做鼓藏头。活路头传大不传小，鼓藏头传小不传大的规矩就立下来了。清代开辟"新疆六厅"，为苗家立汉姓的时候，这四支就分别成了蒋、杨、侯、唐四姓。羊排寨是西江这个大鼓的根，西江所属村寨，都是由羊排寨发展而来的。在婚姻上，早先的时候，规定整个大鼓有血缘关系，鼓内都不准通婚；后来有了改变，羊排寨人不能和西江大寨所属其他村寨的人结亲，羊排寨内更不能结亲，只能和西江大寨之外的其他苗寨的人结亲。而西江大寨除羊排寨之外，其他村寨之间，只要不是同房族的，就可以结亲。西江人最早落寨于羊排，然后依次于白水河畔各个山坡起房建屋、安居立寨。经历 600 余年岁月风雨，羊排寨的这一支苗家，已然发展为由千余户人家组成的超级鼓社。

1991 年 11 月，西江千户苗寨 73 岁的鼓藏头唐光荣辞世，这一年西江所属村寨过苗年时都用沉默来表达他们对鼓藏头去世的哀悼。第二年，唐光荣去世周年的那一天，村寨的寨老们相约着抬了一头大肥猪到他家，把房族中的男人都召集来。在祭奠了苗族的祖先和新逝的鼓藏头后，寨老们做出了一个重要抉择，由唐光荣的小儿子唐守成接任鼓藏头。在寨

西江歌舞表演1（罗明珠摄）

西江歌舞表演2（罗明珠摄）

西江歌舞表演 3（罗明珠摄）

老的簇拥下，满脸文气、任教于当地小学的唐守成身披大红布，在唐家世代祖先的灵位前焚香祭拜，正式成为西江千户苗寨有史以来最年轻的鼓藏头。

在黔东南苗族社区，凡是同属一个鼓社的村寨，就一定要推举出一个鼓藏头。鼓藏头是鼓社内的精神领袖，对外代表整个鼓社，是鼓社的象征；对内组织村寨的祭祀，尤其是每隔 13 年一次的隆重的祭祖活动鼓藏节，决定每年过苗年的具体日期和天数，组织村寨内的吹笙跳月活动，带领村寨和另一个鼓社开展文化娱乐活动，维护村寨的文化秩序，传承文化传统。鼓藏节（亦称"牯藏节""吃牯脏"），苗语意为"过节大家来抢吉利"。鼓藏节是西江苗族最隆重盛大的祭祖节日，每隔 13 年转虎年时进行，西江苗族老人杨夫林说："以前是杀牛祭祖，杀牛时，一家拿一个碗去接血,叫抢红喜。"西江苗族过鼓藏节有五六百年的历史。传说在苗族西迁途中,男女聚在一起踩铜鼓跳芦笙娱乐,连续跳了九天九夜,大家精疲力竭、困顿不堪,兄弟姐妹不分彼此,你依我傍挨在一起睡着了。老人看见后很生气,当即将铜鼓摔成九瓣、芦笙折成七节,分给先耶、吴耶、兴耶三房,让大家各奔东西。先耶和吴耶后来归化为汉族和侗族,兴耶依旧是苗族。兴耶带领族人向剑河、台江、雷山、凯里方向迁徙,一路上告诉子孙,祖先住在太阳出来的地方,现在到了太阳落山的地方了。为了怀念祖先,兴耶要子孙每隔13年进行一次祭祖活动,表达对祖先的思念之情。

唐守成接任鼓藏头后,组织了鼓藏节。这是他第一次面对这样重大的节日,不知道应该怎么办。县里和镇里对节日都很重视,要通过节日把这个中国最大的千户苗寨推介出去,强调节日要隆重热闹,又要原汁原味,保持苗家人过鼓藏节的本色。事实上,寨老们比他更着急,他们生怕这个刚过30岁的青年人不把节日当一回事。距节日还有一个多月,寨老们又相约着抬了一头大肥猪到他家来,举行醒鼓仪式,意为唤醒居住在祖鼓内的祖宗的魂灵。据寨老们说,过去醒鼓仪式是在头一年进行的,那时祖鼓藏于山洞之中,要由寨老们穿着古装、戴藤帽到山洞中把祖鼓抬到鼓藏头家等待祭祀。第二年进行"转鼓",就是用深山楠木挖制一个新鼓,用村寨合资购买的水牯牛来祭祀,将牛皮蒙于新鼓上,巫师祭告后,将祖宗神灵转到新鼓内,全寨家家都要杀水牯牛祭祖。第三年,由鼓藏头和巫师主持,将新鼓送回山洞中,至此,苗家13年一次的鼓藏节全部结束。到后来,这些程序都简化了。鼓不再置于山洞中,而是置于鼓藏头家,也不是每次祭鼓都挖制新鼓了,而是用一面铜鼓替代。我在唐守成家看到了那面"安置祖先魂灵"的铜鼓,它被置于堂屋一侧厢房的壁角,装了米。唐守成的母亲告诉我,铜鼓内是一定要装有米的,

西江街头穿着苗族服饰的女性（陆燕 摄）

这样祖先的魂灵才住得下来,才会保佑全寨人平安。无论遇到怎样的情况,鼓内的那两碗米都不敢动,唐守成的父亲也不让动。因为鼓内没有米了,祖先就不守在鼓内了。没有祖先守护,日子就不知道怎样过了。寨老们抬猪来醒鼓,一方面是走程序,另一方面用意还是商量怎样办好鼓藏节。有这些可以唱几天几夜苗族古歌的寨老们和自己在一起,唐守成的心里踏实了,他相信这次鼓藏节一定会是西江有史以来最隆重的鼓藏节。

鼓藏节在农历十月下旬的卯日过苗年的日子进行。刚过了子时,寨老们和房族中的人就聚拢过来了。鼓藏节的祭祖是从鼓藏头家开始的，大家都要参加唐守成家的杀猪祭祖仪式。鼓藏头家祭祖之后，各家各户的祭祖就开始了。前文讲过，鼓藏节又叫"吃牯脏"，就是由鼓藏头从祭猪胸口上取下一块肉来作为祭肉，这块肉被称为"牯脏肉"。这是唐守成第一次取牯脏肉，操起刀的时候，他心里一下子涌上了一种神圣的感情，感到历朝历代的祖先们正走进他的心里来。他告诉我，在那一瞬间，千户苗寨鼓藏头的感觉找到了。

西江是一个以传统的农业耕作作为主要生产方式的苗族村寨，一年之中，农闲和农忙分得很清楚。农闲时期，大家不事农耕，而是吹笙跳月以相娱乐；农忙时期则一心耕作，尤其是浸泡谷种之后到稻穗抽穗扬花之前不准吹笙跳月。西江人认为，吹芦笙会把花粉吹落，结出的谷子就不饱满。从设立活路头专管农事生产起，西江人就一直遵循这条古规。20世纪80年代以后，西江的寨门开启了，成为黔东南苗疆腹地对外开放的窗口，时常有团队来参观考察，感受纯粹、本色的苗族风情。客人们来了，都要吹芦笙迎送，跳芦笙起舞。但在农忙时节，整个寨子一片沉寂，人们严格遵守农忙时不准吹笙跳月的古规。老鼓藏头还在世的时候，政府做工作，古老的习俗有了一点改变，同意有客人到来的话，农忙时也可以吹笙跳月，但在浸谷种后的一个月内和稻谷抽穗扬花的20天内不准吹芦笙。到唐守成接任鼓藏头后，来西江参观旅游的客人越来越多，古规显然还要改革。为了西江的发展，唐守成是赞成改革的。但寨老们却顾虑重重，如果真是因为吹芦笙，这一年的稻谷不结籽了，那怎能为西江大寨近5000人的生计负责呢，又怎样对得起护佑的列祖列宗呢？苗家人不守苗家的规矩了，还像苗家人吗？作为苗族文化传人的唐守成一下子陷入两难之中。作为鼓藏头，他要和寨老们保持一致，世世代代的鼓藏头的地位和威信都是由寨老们树立和维护的，但作为一个关注西江未来发展的青年，他觉得一定要对古老的习俗进行改革。最终，他提出一个新方案，古规还要保持，但把不准吹芦笙的时间再缩短，开始浸谷种的头七天不准吹芦笙。他的意见一说出来，寨老们就接受了，对他也充满了信任。唐守成说，现在来看，七天不准吹芦笙也不能适应发展的需要。下一步，他想把不准吹芦笙的时间缩短为一天，即活路头家浸谷种的那一天不准吹芦笙。

2000 年以来，西江迎来西部大开发的好时期，迎来中国旅游大众化时代，特殊时期不允许吹芦笙的习俗终于在年轻的鼓藏头的引领下，完全革除了。

西江成了一座时时芦笙响，处处舞步起的笙歌之乡。

三

西江，始终与改革开放、西部大开发、旅游大发展同呼吸，共命运。

20 世纪 80 年代初，西江被列为贵州省对外开放民族风情村寨，开始接纳获得批准的参观者和研究人员，由此渐渐为世人所知，成为中国民族村寨中的名寨——我的朋友杨村的一篇写西江的散文即直接命名为《名寨》。但在西部大开发前，西江只是一座本色的苗族村寨。

进入 2000 年之后，受到西部大开发和旅游大众化政策的影响，西江开始了向现代和市场的转型。在西部大开发中，贵州省提出了"旅游强省"的口号，把发展旅游作为贵州的支柱产业，西江成为贵州省开发旅游中重点打造的风景区——西江由一座名寨成为世界著名的风景区。2008 年，贵州省第三次旅游产业发展大会在黔东南召开，主会场就设在西江。西江，真正作为一个旅游景点被打造出来。凡是到了黔东南的人，都会被问："去过西江了吗？"大家也都会将西江作为游览首选地。作

苗家拦门迎客1（罗明珠摄）

苗家拦门迎客2（罗明珠摄）

为到过西江多次的黔东南人，我也再次激发起去西江的热情。

四

2023年4月，我再次去了西江，是陪同福建过来旅游的朋友一起去的。

我作为驾驶员载着客人，有意选择不走高速，而是从三棵树镇沿321国道往挂丁方向走，再向南进入省道到西江。一路上经过挂丁、朗利、乌利等地，都是很本色的苗寨，筑在矮矮的山上，依临从雷公山麓流来的溪涧，吊脚木楼依山就势而筑，层层叠叠负势而上，似乎是这些木楼托起了山野，又似乎是山野包容了村落，让人感觉在苍茫的自然中，分不出自然与人的生活界限，仿佛二者从来就是融为一体的。

行驶约40分钟后，我们在西江的北大门停车下来。西江历来只有从西和从北两种进入方式，西边即从雷公山麓向西，由雷山县城进入西江；北边即从凯里向南进入西江，这是2000年后才开筑的公路，一下子拉近了西江与州首府、省城的距离。早几年开通的凯雷高速公路，即从挂丁向南，先到西江再到雷山县城。很早之前，在西江的西出口的山坳上，即现在西江观景台处，立有一座"天下西江"的寨门，进入寨门，就表示进入西江地域了，就能看见白水河畔几座山上鳞次栉比、竞势向上的苗家吊脚木楼了。可以说，西江的开发，很大程度上就是从北门和西门的设立开始的。

北门和西门距离西江其实还有一定的距离，甚至不在西江的传统地界。北门筑在白水河向北流过的一片狭长的谷地处。依着两山对峙的形势，就势修筑了一座高大宏伟的寨门，寨门完全采用苗族建筑元素设计，无论其结构、形制、色彩、装饰、符号，都给人强烈的苗族文化的视觉冲击力。甫一下车，客人们都不由自主地惊叫起来。这是他们第一次到

西江街景（余刚摄）

  苗寨，第一次看到这样高大宏伟的苗寨门楼。此时，正是上午 10 时，是西江开门迎客的时刻。着盛装的苗家姑娘和吹芦笙的苗族小伙，聚集在寨门前的广场上，按苗家十二道拦门酒的习俗，举行拦门迎客仪式。一袭银饰盛装的苗家姑娘华丽端庄，歌声嘹亮明快，芦笙欢乐悠扬。广场上一下子呈现出一种盛大的节日氛围，把刚刚到来的游客的情绪调动起来，让人既兴奋又充满了期待。我听到芦笙响起来时、歌声唱起来时，看到姑娘们跳起舞时、敬酒的碗端起来时，眼睛一下子湿润了，亮晶晶的眼泪涌了出来——回家了，回家了！芦笙、歌唱、舞蹈、米酒、银饰、飘带、旋律……让我一下子找到了回家的感觉，陷入回家的喜悦、激动、忧伤之中。这一瞬间，我像一个漂泊在外突然回到母亲身边的孩子，只想让眼泪恣意流出，随着无边的旋律一起无尽地流在母亲般的大地上……

  进入西江，入目的都是特色鲜明的、视觉冲击力强大的苗族文化元素：依山而筑的千户苗寨，层叠错落的吊脚木楼，各种银饰装饰的苗族符号，穿着盛装的苗家女、吹芦笙的苗家汉，响彻云霄的苗歌苗曲，琳琅满目的苗族服饰，醇香厚拙的苗家米酒、腊肉……让八方游客始终处于一种惊异、神秘、激动、亢奋中，滋生出一种迫不及待的体验感和参与欲望。

一进入西江，女客们都不约而同地租了一套艳丽的苗族服装，戴上苗族银饰。她们像苗家女一样，在白水河畔流连，在吊脚楼下徘徊，在芦笙场里等待，在风雨桥上张望——她们期待的人是谁，我不知道；她们心仪的那个男子，是不是正溯白水河而来，我也不知道。但此刻，她们的内心一定是柔软的，为一种或许很久之前就已经失落了的被称为爱情、被称为青春的情绪滋润、激发、陶醉、充盈……一时间，我突然醒悟，我们为什么要走在路上，为什么向往诗与远方，为什么要去异乡旅游，为什么要在陌生人中间寻找，这其实是我们对于自身生命的一种激发与重塑。在路上、在远方、在异乡时，我们总是充满期待的，总是想象着有一个心仪的人正溯水而来，正走进我们柔软潮湿的心里……

五

2023年7月，我又一次来到西江。

这一次是陪同福建省三明市三元区作家协会的诗人、作家马信畇和林新洪一起去。几年前，三元区作协成立，我任作协主席，马信畇与林新洪任作协副主席与秘书长，由此，我们结下了深厚的友情。来黔东南是他们心中的执念。这一次，他们终于来了。

7月18日，他们从三明市自驾到达凯里。我在凯里约了文友潘兴盛、巴文燕、陈永忠等人，为他们接风，安排在文化南路的老腾鱼酱酸餐馆——一家地道的黔东南特色美食店。食酸是苗族的特色，而鱼酱酸则是雷山县丹江一带的苗族特色。老腾鱼酱酸餐馆用苗族元素装饰，苗族银饰、刺绣、图腾文化构成了餐馆的主体风格。一进餐馆，他们就感受到苗族文化巨大的冲击力，充满了激动与期待。文人相聚，自然诗酒唱和，尽兴而归。送他们至酒店时，他们又充满期待地问我："达哥哥，明天会带我们去哪里啊？"

第二天，一大早就下起了淅淅沥沥的雨。他们远道而来，显然不是为了在酒店住下来，而是希望走在路上，走在黔东南的路上。

早餐后，我带着他们直奔西江而去。

我们这一次是从西门进入西江。这是西江旅游大开发后我第一次到西门。西门是在雷公山西北麓逶迤而至的一片山坡上，全新打造出来的筑有几个层级的西江寨门。进寨通道、风情街、游客接待中心、酒店等，占据了好几片山坡。所有建筑都是按照苗族传统木结构建筑形制，融入极具冲击力的苗族文化元素和现代文化元素，阔大、沉雄、古朴，雄居于高高的山脊上，把苗族文化中那种粗犷、豪放、张扬、敦厚的品质淋漓尽致地呈现出来，让人内心油然地生出一种崇敬昂扬的心绪。

雨一直在下，但游客也一直络绎不绝地来。密密的雨雾中，远山被罩住了，西江被结结实实的雨雾遮住，只有被雨雾托起的西江寨门、风情街翘起的飞檐和仿苗族银帽形制建成的索道亭子，沉默坚执地立于雨中，与天地融为一体。

我知道，雨中西江也会给我们的诗人以独特的体验。

从西门顺着盘旋的山路逶迤而下，首先到的就是西江观景台。在细密如织的雨中，西江似乎沉静下来，白水河如一条绸带般从寨子脚下穿过，山坡上的五座吊脚木楼在雨中安闲地矗立，正如一群歌唱后在树丛中休憩的苗家女，安静、恬适、清新、婉约。不同曲调的飞歌、芦笙，夹杂着嘈杂的街市声，在雨雾中浮动着。一阵风吹过来，有时感觉声音很远，正在越山而去，隐没于无尽的长空中；有时又觉得很近，仿佛一触手，就能抓住那湿淋淋的歌唱，将它环拥于内心之中……

雨中的西江，依然游人如织。穿着各色雨衣、打着各色雨具的游人，随着雨的节奏，在西江的街道上、村巷里流动着，像一条条彩色的流动着的河……

这些人从哪里来，我们不知道；这些人要到哪里去，我们也不知道；这些人来干什么，我们还是不知道。但其实，我们为什么一定要知道呢？在路上，在西江，在雨中的西江，就是生命和生活的全部的答案。著名作家、学者余秋雨来西江时，写下"用美丽回答一切"几个字。西江固然是美丽的，但西江的魅力则不仅仅在于其美丽，还在于这里是西江，是苗族西江，是天下西江，是雨中西江……

在我沉浸于雨中西江的思绪时，诗人马信骅已经完成了一首《雨落西江》的诗。就让我以他的诗，作为这篇《天下西江》的结语：

这场雨，从凯里的凌晨出发
又踏着雷山晨鸣的节奏
绵绵密密，或急或徐
配着苗寨芦笙洪亮的主旋律
这一定是仰阿莎最深情的泪滴
西江的雨最为细腻
密密织着千户苗寨吊脚楼的时光
就算是寨子里最朴拙的石头
也读懂了风雨桥上的邂逅
是那烟雨中最美的清水姑娘

如此美丽的修行啊
可以把最惆怅的往事谱成歌曲
然后留灯一盏,把悲伤照亮
心就像苗家银饰有洁净的光芒
一场淅淅沥沥的雨
轻轻诉说着人间烟火的温暖

烟雨中的西江(林新洪摄)

作者简介

余达忠,贵州黎平人,侗族。曾任凯里学院教授、贵州省作协会员,现为三明学院教授、硕士生导师,出版学术著作多部。在《民族文学》《山花》《传记文学》等期刊发表文学作品50余万字,曾获贵州省文艺奖、贵州乌江文学奖、贵州"金贵"民族文学奖等。

沿富春江西行

王征桦

南北朝时,吴均乘船在富春江上,给他的朋友朱元思写了一封清丽轻巧的信《与朱元思书》:"风烟俱净,天山共色。从流飘荡,任意东西。自富阳至桐庐,一百许里,奇山异水,天下独绝。"

我第一次知道富春江,应该是从读这封信开始的。到后来,看到康有为对富春江的评价:"天下之至美,其富春江乎!"富春江之名,对于我来说,已是如春雷贯耳。再后来,我又陆续地读过许多有关富春江的诗句,愈加感觉它的灵韵秀美。我不禁对富春江魂牵梦萦起来,神往之心越来越强烈了。

我决定溯江而上,顺着吴均的足迹,从富阳至桐庐走上一遭。河流有它独特的个性,每一条河流都有着它自己的美学和意志。没有两条河流是一模一样的,即使它们同样柔美,柔美的程度和特点也是不同的;即使它们有着同样的文化底蕴,这种文化也是有差异的。即使同一条河流,也不尽相同,譬如说新安江和富春江同属钱塘江水系,但新安江有新安江的文化,富春江有富春江的品性。要真切地去感受一条河流,必须去倾听它的低语,去抚摸它岸边的草木,更重要的是,必须去和它的灵魂有些许交流才行。它的灵魂,就是数千年来,那些已经和富春江这个名词融为一体的人,换句话来说,是一提到富春江,人们就能想到的那些人。

他们是黄公望、郁达夫和桐君老人。

闲云，小洞天

富春江的东洲岛正对面，十里山坞一直延伸到高耸的如意尖下。这个山坞就是有名的庙山坞。那日微雨，坞中曲径通幽，雾气蒸腾，茂林修竹，溪水淙淙。我撑着伞，沿山阴道上山，不多时，见道旁立有一个牌坊，上面写着"元高士黄公望结庐处"几个大字，这就是山门了。

既是高士，闲逸为第一至要。或自在逍遥，或隐居不仕，这都离不开一个"闲"字。自在逍遥者，不愿与俗人为伍，故得闲；隐居不仕者，一生或终老山林，亦得闲。从二十几岁做书吏起，黄公望做官一直做到40多岁。原以为会这样了却一生，没想到，一场祸事从天而降，他受上司张闾的牵连而锒铛入狱。出狱后，他只剩得一个"闲"字。有人请他做官，他就为了这个"闲"字，直接回绝了。

黄公望不愿做官了，便自己取了个道号"大痴道人"，从此闲云野鹤般浪迹江湖。纵情于名山胜水之间，他的画作多是来自所见过的山水景色，他写实的山水画风也逐渐形成。黄公望在松江流连了十年左右，那时松江叫"云间"，在云间画画，多么惬意。可黄公望并没有定居松江，他去了苏州，去了太湖。在太湖的时候，他执一支铁笛，站在船头上吹。

关于铁笛，也有一则趣闻。一日，黄公望与客人们游于孤山，忽听到湖中有人吹笛。黄公望一惊："这吹的不是铁笛吗？"听了一会儿，他也从怀中掏出铁笛来，一路吹着往山下走。而游湖的人正吹铁笛上山，二人碰面时，谁也不看谁，各人吹各人的铁笛，笛声不辍，交臂而去，真是一身的仙风道骨。

大凡闲逸之人，自然离不开枯坐。《六研斋笔记》中记载，黄公望"终

本文作者于小洞天留影　　　　　　　　黄公望隐居处

日只在荒山乱石、丛木深筱中坐，意态忽忽，人不测其为何。又每往泖中通海处看急流轰浪，虽风雨骤至、水怪悲诧而不顾"[1]。有时在月夜时分，他坐在湖桥上，独自饮酒，独自吟诗，酒喝完了，就将瓶子一丢。他还曾在月夜一叶孤舟出城门，顺着山行，抵达湖桥时，以长绳系酒瓮于船尾，想喝酒了，便牵绳取瓶，没想到绳子已断，酒瓮找不到了。他抚掌大笑，声震山谷，看见这个景象的，都以为他是神仙。

黄公望曾在松江、杭州一带以卜术为生，凑巧的是，画家吴镇也曾在嘉兴、杭州一带卖卜，黄公望通过卖卜，认识了吴镇和王蒙。王蒙隐

---

[1]（明）李日华：《六研斋笔记》二则，载（元）黄公望著，毛小庆点校《黄公望集》，浙江人民美术出版社2016年版，第102—103页。

居杭州黄鹤山，号黄鹤山樵，是大画家赵孟頫的外孙。黄公望对名满天下的赵孟頫充满敬仰之情，在一件作品上，黄公望题跋："当年亲见公挥洒，松雪斋中小学生。"松雪斋正是赵孟頫的书斋名字。他还学习董源、巨然的画法，而胜过董源、巨然。

我走到了黄公望的雕像前，我要在这里说说《富春山居图》。

晚年的黄公望来到了我眼前的这个庙山坞，结庐隐居。年近八十，技艺已达顶峰的黄公望，开始在庙山坞着手绘一幅绝世长卷。他在画中题道："至正七年，仆归富春山居，无用师偕往，暇日于南楼援笔写成此卷。兴之所至，不觉亹亹，布置如许，逐旋填札，阅三四载未得完备。盖因留在山中，而云游在外故尔。今特取回行李中，早晚得暇当为著笔。无用过虑有巧取豪夺者，俾先识卷末，庶使知其成就之难也。十年青龙在庚寅歇节前一日，大痴学人书于云间夏氏知止堂。"[1] 有的人作画，是为了生存或赚钱，他们仅仅算是画工；有的人画一幅画，是为了送给好友，这样的人才是高士。黄公望画《富春山居图》，只是闲时兴之所至，画上几笔。他是一朵闲云，停不下脚步。直到四年后，这幅画才得以完成。交付的那天，无用师郑樗接过黄公望赠予的《富春山居图》，不觉涕泪长流。

清人胡敬评价《富春山居图》："其峰峦则有似营丘者，有似贯道者；林木则有似黄鹤者，有似云林者，所谓体备众法也；其皴擦之长披大抹，似疏而实，似漫而紧，得北苑法外之神，所谓脱化浑融也；其位置之平淡浅近，若人人能之，而实无能之者，所谓不落畦径也；其水晕墨彰，不设色而使墨自具五采者，所谓神韵超逸也。"[2]《富春山居图》

---

[1] （元）黄公望：《题自画富春山居图卷》，载（元）黄公望著，毛小庆点校《黄公望集》，浙江人民美术出版社2016年版，第23页。
[2] 温肇桐编：《黄公望史料》，上海人民美术出版社1963年版，第58页。

桐庐富春江

　　完全以富春江为背景，把洒脱和旷达、领悟和回顾，把黄公望内心的全部世界，都绘进了一卷山水之中。

　　我收了伞，在溪边的亭子里继续阅读着有关一个人、一幅画的传奇。

　　作为高士，传奇是少不了的。对于黄公望来说，一生都是传奇。元代戏剧家钟嗣成在《录鬼簿》中记载，黄公望出生于平江府常熟县（今常熟市）子游巷一个姓陆的人家，后过继给永嘉人黄氏为嗣。这一年黄家老爷子已经90岁了，一直没有子嗣，抱着他高兴地说道："黄公望子久矣。"仅这一句，黄公望得名，并取字"子久"。

　　无用师郑樗得到《富春山居图》后，视若珍宝。可是他死后，他的后代将画变卖了，几经易手，辗转到明代大画家沈周手里。沈周挂画于墙，赏玩时写了许多评论。有一天他心血来潮，将画拿去请朋友题跋，哪知朋友的儿子心生歹念，把画偷偷卖掉，却搪塞说画被人偷了。沈周懊悔不已，四处找寻，一次他在画摊上见到了《富春山居图》，连忙跑回家筹钱买画，筹到钱后，画却已被人买走了。多年后，画传到吴洪裕的手上。他十分珍爱此卷，将画置于宝匣之中，临终时嘱咐家人焚烧殉葬，幸亏画被侄子从火中抢出，但画已被烧为两段，吴家人将画重新装裱，前半段被命名"剩山图"，后半段被命名为"无用师卷"。

我沿着山道上行，最后到达的是黄公望作《富春山居图》之处——葱茏草木掩映着的两幢木结构平房，这就是他在《秋山招隐图》中描绘的"小洞天"了。我在远处的篱墙下坐了很久，仿佛看到一个白发老者，正站在院落里，背着手，仰面看天。小雨停了，有一朵雪白的云朵像是从小洞天里飘出来，落在后面的山峰上。这时候，我想起了黄公望《董北苑》中的一句诗，并轻轻地把它吟诵出来："一片闲云出岫来，袈裟不染世间埃。"

严陵滩下住

溯江西行，一到富阳，我先去看的就是郁达夫故居。

故居就在江边，一个两层的小木楼，一个小小精致的院子。走在二层的楼板上，吱吱呀呀地响。院子不大，正门前面，是郁达夫的铜像，周边放着数十盆菊花。铜像坐姿随意，像是眺望着江面。菊花让我想起《故都的秋》中的话来："秋天，无论在什么地方的秋天，总是好的。"[①]正如今天，阳光和煦，金黄的花朵演绎着韶华的灿烂和热烈。

屋子里放着一些陈旧的桌椅，房间里是床和柜子，厨房里有灶台瓢盆。迟桂花的香气，在这些旧物间荡漾。不管郁达夫或者他的家人用没

---

① 郁达夫：《故都的秋》，《郁达夫作品精选》，长江文艺出版社2019年版，第293页。

用过这些东西,旧物总会让人心生遐想,来此观看的人们会从这些旧物上,勾勒出从前郁家生活的场景。

我欣赏着堂前的一副对联:"春风池沼鱼儿戏,暮雨楼台燕子飞。"宋代大文豪王安石有个弟弟王安国,他写了一首叫《假寐》的诗,这副对联就取自这首诗,原诗是"暮雨楼台燕子闲",郁达夫把"闲"字改成了"飞"字,可能是意在言志吧。这副对联据说是郁达夫亲笔所写,书法超逸,清秀骨奇。对联中间是郁达夫的画像,画中的郁达夫手执书卷,目视前方。

从故居来看,郁达夫家还算是富裕的小康之家,但郁父的意外去世使郁家的经济状况急转而下,家庭的重担落在了郁达夫的母亲身上。郁母是出身于书香门第的富家小姐,即使是在贫苦的岁月,也非常重视孩子们的教育。郁家三子一女,长子郁华,次子郁浩,再是女儿郁凤珍,最小的是郁文,字达夫。郁达夫从孩提时代起,便受到了母亲严厉的管教,加上家境的贫穷,使郁达夫的性格变得内向、敏感、孤僻、自卑。虽然郁达夫的童年是压抑的,但他知道母亲持家的不易,早早懂事,勤奋好学,在学校的成绩十分优秀。

长期处于压抑状态的郁达夫在日本留学时,感到了从未有过的自由。他先后和几位女子谈恋爱,去喝酒,读许多闲书,但很快他又为生活在侵略自己祖国的日本感到自卑和痛苦。在小说《沉沦》里,那个以自己为原型的主人公,在罪恶感、挫败感与无尽的矛盾与痛苦中,跳海自尽了。死前,他痛苦地呼唤:"祖国呀祖国!我的死是你害我的!""你快富起来,强起来吧!""你还有许多儿女在那里受苦呢!"[①]

郁达夫回到祖国后,在上海遇到了王映霞。富春江畔,杭州城里,

---

① 郁达夫:《沉沦》,《郁达夫作品精选》,长江文艺出版社2019年版,第41页。

富阳郁达夫故居前的富春江

两人又多次相见。彼时,在杭州女子师范学校就读的王映霞年方二十,是"杭州第一美人"。一见王映霞,郁达夫被深深打动,对她展开了追求,而王映霞得知郁达夫的身份后,既吃惊又崇拜,最终被郁达夫的真情感动。一年后,两人在西湖湖畔举行了盛大的婚礼,成了柳亚子赠诗所说的"富春江上神仙侣"。

富春江上神仙侣,终因许多事情的发生而劳燕分飞。郁达夫是个浪漫不羁的人,但抗战爆发后,他成为无畏无惧的战士。日本政府宣布无条件投降后,他竟然在苏门答腊岛被不甘心失败的日军杀害,年仅49岁。

我在郁达夫故居前徘徊了一会儿,慢慢地走到富春江边,江水清澈,丰腴如肌肤；向对岸看去，山色朦胧。江边一色垂柳，招摇着，树下摆放的椅子上，漏下一丝丝阳光，似乎让这个晚秋回到了人间四月。这么多椅子随意地放在岸边，你可以随意地坐下来休闲，观赏江景。我在一个靠江边最近的座位上坐下来，看一个中年女子，拿着一本书在看。我靠在椅子上打个盹儿，醒来发现已经过去了一个多小时，一旁看书的女子，还在聚精会神地看，那本书是线装的，封面上清晰地写着"史记"两个大字。

为什么一个在绿荫下的长椅上闲坐的女子，看的是《史记》，我不知缘由。富春江，本身就有许多与众不同的地方，在其他地方被认为是奇怪的事情，在这里并不奇怪。正想时，看书的女子对我说了句："你是从外省来的吧？"我点点头。她问："来看郁达夫的？"我说："是呀，我也是来看富春江的。"她扑哧一笑，指着不远处的鹳山，说："你去那儿看看，那里有一个聪慧本真的男人的墓。"

我顺着她手指的方向，来到了鹳山。鹳山，因其矶头伸入江中做引颈饮水状而得名。山不高，山势却十分险峻，山上古木参天，亭台楼阁，各具胜景。登临矶头，可望见江水汤汤，闪着银波，日夜川流不息。矶头下的柳岸边，横着三五渔舟和一艘小小的游轮。拾级而上，到半山腰可见到双烈园，双烈园濒临富春江，为纪念郁华、郁达夫而命名，由血衣冢、双烈亭、松筠别墅三部分组成。郁华字曼陀，乃郁达夫长兄，是当时司法界在抗日战争期间为国捐躯的著名烈士。双烈亭内有茅盾、郭沫若、赵朴初、俞平伯等名人的楹额题字，山上还有一幢二层的小楼，郁华起名为"松筠别墅"。郁母因不愿做亡国奴，在鹳山绝食而死。郁母早年守节，苦心将四个孩子养大，黎元洪曾给其颁发"节比松筠"的匾额。

站在鹳山山顶，我想起了郁达夫的《自叙诗》："家在严陵滩卜住，秦时风物晋山川。碧桃三月花如锦，来往春江有钓船。"多美的山川大地，

郁达夫故居

可惜先生看不到了。若是先生还活着，这堆满乡愁的鹳山、结满乡愁的富春江水，一定会给他带来更多的灵感吧。想到这里，我轻轻地叹息了一声。

江水绕过桐君山

从桐君山山顶的四望亭俯瞰，桐庐县城尽收眼底。我们一行十几人，此刻正站在桐君祠前。桐君祠是桐君山的最高处，宜驰目，宜吹风，宜留影，宜吟诗。众人望着山下的富春江，逸兴遄飞。

登山后才知道，被誉为"中国最美县城"的桐庐县，县名就源自桐君山。相传在黄帝时，有老者结庐炼丹于此山，悬壶济世，分文不收。老者住的地方，有桐树荫蔽数亩，远望如庐舍。乡人问其姓名，老人指桐为名，故被称为"桐君老人"。因此，山也以"桐"为名，县也以"桐"

为名。

　　山下的大江更是以"桐"为名，称为"桐江"。桐君山，在分水江和富春江交界处。分水江又叫"天目溪"，柯灵在《桐庐行》中写过："天目溪从斜刺里迎面而来，富春江是一片绀赭，而它却是溶溶的碧流，两种截然不同的颜色，在这里分成两半，形成稀有的奇景。"[①] 在两江交汇处，兀立的桐君山显得脱俗不凡。

　　桐君山虽不高，但它是药祖圣地，药祖"桐君"是中国医药学的始祖。扁鹊、张仲景、华佗、葛洪、孙思邈、王惟一、李时珍、王清任也是历代医圣，但就资历而言，在桐君祠里，他们只能分立在"桐君老人"的两旁。

　　桐君祠的屋前屋后，草木茂盛，鸟鸣清幽。我们尝试着在草木间找寻草药，每发现一棵，都兴奋不已。有个诗人说："不用费事去找了，在桐君山上，百草皆可入药。"想想也是，在药祖圣地，还有什么植物不能为药吗？

　　山顶之上，除了一祠、一亭、一白塔，还有一个供人休息的楼阁，名为"江天极目阁"。在楼阁里可以喝茶，聊天，还可买些土特产。同行的葡萄牙诗人左凯士很兴奋，在雪水和云绿间转来转去，咿咿呀呀地比画着。雪水和云绿是桐庐的名茶，形似岫玉和翡翠雕成的短剑，不说茶味如何，就是单以品相来说，也是极好的。左凯士英语和葡萄牙语夹在一起说，我们没有人能听得懂，惹得店家四处环顾："你们中有谁懂外语的，对我说说他到底要买哪个？"

　　要说桐君山最美的时候，还是在晚上。桐庐人是很有趣的，他们在

[①] 柯灵:《桐庐行》，载唐金海、张晓云编《柯灵散文选集》，百花文艺出版社2009年版，第98页。

桐君山牌坊

桐君山上的每棵树上都挂上了小小的灯，到了晚上，灯光一亮，山的轮廓就出来了。坐在富春江的游船上，远远地看山，桐君山就像一块浮玉，漂浮在江上，晶莹剔透，闪闪发光。特别是在月夜，亮晶晶的桐君山上再飘着一轮明月，那看月看山的感觉，无遮无拦，山高月小，从古到今都是好景致。明月、浮玉、江水让人惊艳，更让人感觉安宁和平静，让人在此时此刻，放下了久放不下的心思。

诗人舒羽说："结庐在桐庐，没有心事放不下。"桐庐让人忘忧，不仅是今天人们的感觉，在古时候就有人这样说了。看来，这和范仲淹的"使君无一事，心共白云空"都是一个意思。

到富春江，先要到桐庐。到桐庐，还是应该先到桐君山。

作者简介

王征桦，池州市作家协会副主席，池州市贵池区作协主席，共在300多家报纸杂志发表诗歌小说散文故事1000多篇，获奖多次。

港湾的疼痛

朱湘山

遗址之上：断烟残霭晚霏霏

一个初秋的下午，空气中带着一种伤感的潮湿。我飞往大连，为了一睹旅顺口的容颜。它的苍凉、它的凝重、它的血泪、它的疼痛，都是我必来的理由。

在中国地理版图上，大凡名称中带"口"字的，多与重镇、关隘、要塞有关，比如海口、龙口、张家口、珠江口、吴淞口等。而对于旅顺口来说，它早已不是一般意义的要塞和港口，它是一国之门，守住了它，外可护辽东半岛，内可卫京师大门。若是"祸从口入"，必然是国家的噩梦和百姓的悲歌。因此，历史上的统治者都很在意这片优美海滩之上的一道关口。这里前身叫"狮子口"，至明代改称"旅顺口"，它的独特位置决定了这里的命运。

有明以来，这片弹丸之地就一直硝烟迭起，战事不断。马云、叶旺、刘江、徐刚、袁崇焕、黄龙、袁保龄、刘含芳等人，都曾在这里留下足迹，有的把热血洒在这里，有的把骨骸葬在这里。在旅顺口的山坡上行走，一不注意就会遇到一座座突兀的坟茔，凄凉地蛰伏于衰草乱石之中，何人之墓，已经难以说清。诚如清代郑有仁纪念黄龙将军的诗《黄将军墓》云：

"北洋重镇旅顺口"一角

"一自将军身殉明,三藩未夕削皆平。山灵有意怜忠骨,二百余年庇旧茔。"

对于国人来说,旅顺口已不仅是风景,它还是时光的断裂之谷、历史的倾诉之口,它是心中撕裂的伤痕,它是推不开的大门和一堵记忆高墙。

战争似乎是旅顺口的宿命。它的海面、港口、山岭、树木,以及那些修筑在海岸上的炮台,层叠在陆地上的堡垒,就像是摆放在战争舞台上的布景和道具。曾经优美的自然和人文景观,在列强的一次次掠夺和碾压之下,零落成历史的残垣断壁。旅顺口是一座中国乃至世界近代史上的战争博物馆。

近代100多年的时光,命运让这座港口在刀山火海里跌宕了一次又一次：日本侵占、俄国强租、日本再占、苏联进驻……一个重镇，命运多舛，在条约上留下了历史证据：《马关条约》《辽南条约》《朴次茅斯和约》《旅大租地条约》《旅大租地续约》《中苏关于中国长春铁路、旅顺口及大连的协定》，每一章、每一页都与这座港口息息相关，章章滴泪，页页惊心。

往事越千年。在世界历史的进程中，我很难找到与旅顺口命运相类似的地区。

飞越渤海上空的时候，隔着舷窗，我看到，在渤海与黄海的连接处，一条黄蓝相接的天然波纹清晰可见，蓝色的远处，是甲午海战的战场大东沟；黄色的尽头，是连接京津的大门，它也像那道难以愈合的伤口一样，记载了历史上的一段又一段惨烈往事。伤口最深的地方，当然是旅顺口，多少年来，每每触及，痛彻心扉。

这是初秋的早晨，阳光在街道上洒下一片暖色，像一座城市有了体温。若是在南国，或许夜幕还在草木之间眉头紧锁，露珠在阔大的叶片上睡得安详，风来的时候，静寂的绿慢慢涌动出一片微澜，花草窃窃私语，充满着比肩而立的精气神韵。但在我眼前的辽东半岛上，早已是阳光明丽。秋凉的涟漪卷过树梢，曳动着缕缕温情的遐思，虽有凛冽，却阻挡不住晨练人们的脚步，阳光、舞鞋、红裙和笑脸近在咫尺，惊动"拣尽寒枝不肯栖"的苍凉，在这时光清浅之处，我的内心，也瞬间充满一个造访者的神秘和感动。

送我去旅顺口的司机是一名转业军人，曾经在西部当过兵。从坐进车里开始，反复循环听到的就是那刚性沙哑、弥漫着戈壁风霜的歌声："一眼望不到边，风似刀割我的脸，等不到西海天际蔚蓝，无言着苍茫的高原，还记得你答应过我不会让我把你找不见，可你跟随那南归的候鸟飞得那么远，爱像风筝断了线……"此时，当我把它和即将看到的旅顺口的命运联系在一起的时候，心情也随着歌声变得苍凉而萧瑟。

大连到旅顺口约45公里，那座雕刻着"旅顺口"巨石的海滨，便是旅顺口的所在。呼啸的海风中，我抚摸那块巨大的岩石，咸湿的海风鼓荡我的衣衫，内心便出现了一种别样的疼痛与苍凉。

走在旅顺的大街上，典雅静谧的路面梧桐低垂，于记忆的江河中舞动春秋，遒劲的槐树瘢痕累累，在依山白日下一览沧桑。被历史遗忘的陈旧，一如褪色的画布随处袒露，随时随地总会跌进时光的断层。

啊，旅顺口，多少年来，在梦里梦外浸润我的黄海烟云、轻拂我的半岛风雨、呼唤我的北洋悲歌，无数次地眼前闪烁其累累的创伤，今天，我终于来到它的面前。

在穹庐一般的演出大厅里，我席地而坐，观看了一场《印象旅顺》的演出。百年的历史画面，一帧一帧地出现在我的眼前：旅顺由来、甲午海战、日俄战争，以及诸多重大历史事件、大气磅礴的战争场面、一个王朝的开始和覆灭。在多维的空间里，纱幕投影与舞台演出巧妙结合，我在眺望历史之时，既痛彻心扉又一言难尽。

当银幕上出现《七子之歌》诗句的时候，随着画外音，我和周围的很多观众都在流泪。我知道，我的泪水，不只为清政府的弱势而潸然，更是为整个民族的苦难而流淌：

我们是旅顺，大连，孪生的兄弟。
我们的命运应该如何的比拟？——
两个强邻将我来回的蹂躏，
我们是暴徒脚下的两团烂泥。
母亲，归期到了，快领我们回来。
你不知道儿们如何的想念你！

《印象旅顺》演出现场

母亲！我们要回来，母亲！①

沧海之滨，普天之下，试问哪个孩子的回家之路，如旅顺口这样漫长而曲折？

我把自己关在酒店，阅读、思考、摘录、做笔记，所思所感连缀成篇，最后存入电脑。旅顺口始终像一位慈祥的长者热情地挽留我，我所遇到的旅顺人，无论是司机、路人、小摊贩，还是那个经营"铁锅炖"的老板，都对我热情有加，他们的微笑总袒露着内心的强大和善意。我为自己的选择而庆幸，我的旅顺口之行，挖掘到的是一口井，一口历史的深井。

---

① 闻一多：《旅顺大连》，载朱自清、闻一多《中国现代文学名家经典合集·红烛》，四川人民出版社2018年版，第194页。

这里有粗粝的砂石，有断裂的缺口，有孤舟远影，有细雨炊烟，所有的发现与眩惑，所有的故事和影子，都闪现在这狭长而深邃的井里。

海军公所：耿耿残灯背壁影

港湾街 45 号。

从龙河之西，从旅顺西炮台，我一脚深一脚浅地来到这里。

如今院内已不见人影，铁栅栏大门挂着锁，三栋欧式风格的大楼，外墙斑驳而陈旧，依稀构成海军公所的全部，但这又不是这座院子的全部。铁栅栏大门外，两边各有一座灰白色岗楼，里面已没有站岗的士兵，看样子早已弃置，有着一种人去楼空的萧然。

院子的第一任主人是一位法国商人，之后这里被李鸿章买下，成为海军公所，北洋海军提督丁汝昌是这个院子的第二任主人。1894 年 11 月 21 日，旅顺口被日军占领，这个院子也成了日军的战利品。

1895 年 12 月，清朝官员依据《辽南条约》收回旅顺。1897 年 12 月，俄国打着借港过冬的幌子，直接把军舰开进旅顺口。第二年，旅顺口就变成了俄国的租借之地。于是，港湾街 45 号院内的三座洋房，变成了俄国太平洋舰队基地。1904 年 2 月 8 日深夜，日本联合舰队在旅顺口偷袭俄国太平洋舰队。日俄就此开战，战争打了一年多，最后以俄军投降告终。于是，这个院子里再度升起了日本的国旗，在此后 40 余年的时间里，它成了日本海军的军港。1945 年秋天，旅顺口被苏联红军接管。直到 1955 年，这里才完全归中华人民共和国所有。

站在这个用铁栅栏围成的院子外面，我无法说清自己的感受，一个小院的历史，竟然由不同的国家书写过，不知今天从这里走过的人们会有何感想，耻辱、痛苦抑或悲愤，一切都无法说清。

太阳沟：回头顾影背斜阳

我总忘不了到达太阳沟的那个中午，以及那个中午的心情。

每到秋天，当第一片金黄色的银杏叶从树上飘落时，太阳沟就迎来它的最美季节。面朝大海，背依高山，在漫长寒冷的冬季里，只有这里有足够的阳光可以享用。

俄国人到太阳沟之前，李鸿章早已在旅顺口大兴土木十几年，但太阳沟仍然是寂静的小渔村，即使经历甲午战争，太阳沟依然荒凉。那时候，李鸿章目光还没有关注到的地方，俄国人却发现这里背山靠海，北高南低。这样的风水宝地，在欧洲只有在地中海沿岸才能找到。之后，太阳沟成了俄国人的租借之所，再后来，又成了日本人的占领之地，祖祖辈辈生活在这里的黎民百姓，却被禁止居住。1945年秋天，这里又被苏联军队接管，太阳沟见证了中国近代史的风云变幻。

1955年春天，当苏军全部撤离，旅顺口总算做了自己的主人。在此后的半个多世纪里，历史风貌依旧，旅顺口的老居民或叫它"新市区"，或称之为"太阳沟"。

太阳沟是一片饱经历史风雨浸润的土地，也是中国现存历史遗址最多、规模最大的历史文化街区之一，350多栋百年建筑承载着国家的记忆与伤痛。多少不为人知的故事，就藏在那些神秘的角落。它是纷飞战火中辗转百年的幸存者，它是太平盛世里孤独一隅的叹息者，更是半部中国近代史滴满血泪的发黄一页。漫步于此，我能感受到来自百年前那个风云激荡的年代。旅顺博物馆、旅顺肃亲王府、旅顺日本关东宪兵司令部旧址、大和旅馆旧址等历史建筑都在诉说着那段屈辱的历史。

那天，我在旅顺博物馆停留了很长时间。这里远离嘈杂，不见纷争，隔着橱窗，看一件一件摆放在那里的珍藏物品，内心也随之微澜荡起。

旅顺博物馆

　　旅顺口发生的故事始终充满悲壮，由此衍生出的过去和未来，已被凝固进旅顺博物馆和太阳沟的街区之中，对于每天都处于千变万化的社会，我们确实需要这么一个地方，把人类被时间无情湮没的历史，把人类应该珍惜却被岁月覆盖的物品，贮存在这样一个特定的地方，当我们偶尔停下脚步并转过身去的时候，会为眼前的发现而感慨不已。

　　从博物馆走出的时候，正是烈日当顶的中午，在高大雪松和梧桐树的浓荫下，依然排列着长长的队伍等候进馆参观。穿过广场中心的中苏友谊纪念塔，我向广场的北侧望去，那里，一座米黄色的建筑刺痛了我的双眼。

　　这座建筑建于 1900 年，最早是俄国陆军炮兵部，主楼外形酷似一座长形的堡垒，主体是砖石木框架结构。门窗高大，墙壁宽厚，石柱沉重，

旅顺日本关东宪兵司令部旧址

属典型的欧式建筑，给人一种压抑之感。这个地方曾经是日本远东阴谋的大本营和指挥中枢——日本关东宪兵司令部。

日本关东军先后有多任司令官在这座楼房里策划、实施侵略阴谋，发动罪恶战争。一系列震惊中外的侵华事件，都是在这里密谋策划的。从1906年到1931年，此地作为关东军指挥中心长达25年。

如今，这里是日本关东宪兵司令部旧址博物馆，"罪孽之师——关东军"的展览在此筹办，通过珍贵的历史文献和图片音像资料，痛陈近代日军侵华历史，再现曾经那一幕幕惊心动魄的场景。

秋日的太阳沟风景如画，所有的楼房和街道都被高大的雪松和法国梧桐树笼罩在浓荫里，我走向这座大楼，一种莫可名状的压抑和刺痛就紧紧包围着我，终于知道什么是压抑之痛，什么是不能承受之重。

我最终没有走进那座大楼，而是返回到高高耸立的中苏友谊纪念塔下面，看到一群小学生正排着队列站在那里，听老师讲那过去的故事。

海岸线：空江远影吊苍茫

我来到黄金山南麓的时候，夕阳已落在山的另一侧，扑面而至的，是大海咸湿的气息和苍凉的氛围。走到这里，思绪会被裂口深处湛蓝的海水打湿，并瞬间融入一段血染的历史。

这里南面黄海，西依军港，临海的两面，高耸的砖墙一直砌向山顶，每一块砖石都沧桑无语，它们的缝隙里长满厚厚的青苔，山顶垂下的藤萝，记录了岁月的心事和生命的接续——这里是清末时期清政府13座炮台中保存最为完整的一座，名叫"电岩炮台"。

炮台的大门已经关闭，几辆旅游大巴在停车场静候着归来的游客。走在这里，它的那种沉寂和淡然给我的印象近乎荒凉，或许，这样的气氛形成了一种悲剧的色调，更有利于后人站在此地思考和祭奠。

电岩炮台的位置极其优越，整个炮台前面为悬崖和大海，后面有山沟与黄金山相隔。用当时的炮镜从海上观察总会产生错觉，误认为它与黄金山同在一个点上，因此有很大的隐蔽性。从海上炮击，稍近炮弹会落到悬崖下，稍远又会落到后面的山沟里，很难命中这个宽度仅有50米的岸炮阵地，所以当时的军事家称这座炮台为"百发不中"。在这里，大炮的射程可达9000米之外，后来又延伸到12000米之远，因此，如果弹药充足，可保这片海疆平安无事，曾经被认为旅顺的安全铠甲和理想掩体。

然而，在1894年的旅顺口保卫战中，这里最终被日军占领，数门大炮成了日军的战利品。如今，这里成了旅顺口军港沧桑历史的见证。

游客在旅顺中苏友谊纪念塔下

　　紧靠广场的是海滨浴场，浴场的旁边，立着一块"模珠岩灯塔旧址"的石碑，那种消失的残缺依然能够烘托出站在海岸的悲凉之感。灯塔老了，时间年轻；炮台老了，绿藤常在。

　　同南方秀美的海滨浴场不同，这里没有洁白细腻的沙滩和圆弧状的海岸线，海水的远处到处可见锋利的黑色礁石，海滩上密布着粗粝的褐色石块，下海的人们都是穿着鞋子，预防让石块划伤。在巍然屹立的黄金山的映衬下，眼前的一切都自带一种令人森然的寒意。

然而，今天的人们似乎有些粗心，他们在海滩上竖起一朵朵蘑菇状的帐篷，攀上礁石捡拾海贝，或者与那些耸立在海水中的大石头擦肩而过；或者坐在石头的上面休息，他们一直以为生活就是这样，却浑然不知，这里的一切都曾经是旅顺口苦难历史的见证。或许，人们已淡化了这片阵地的惨痛；或许，人们已不记得远去的战火硝烟。但是，历史知道，电岩炮台知道，它早已为此流尽了眼泪，只留下眼前这苍老的身体和一言不发的倦容。

我走向那片粗粝的海滩，清凉的海风、来往的人流和烧烤的烟火气将我从遥远的历史带回现实，我用全部身心感受着这座苍凉厚重的军港并向它挥手告别，眼前浮现那些时光的倒影。

透过那些影子，我看到那个寒风凛冽的冬月，在那个苍茫的出口，那位满怀悲愤的海军提督、那位镇远舰管带、那些与大海同在的人，他们陪伴着那些残舰伤兵黯然地告别旅顺口，向着刘公岛逶迤而行。

海风凄厉地吹着，如海魂的呐喊，如泣如诉，让人疼痛，让人警醒。似乎，有一种声音正从四面八方向我涌来："落后就要挨打，发展才能自强。"

是的，我们有足够的理由相信，只要继续落后，被动挨打就难以避免，历史的悲剧就可能重演。因为此刻，我就站在旅顺口的海滩之上，这里的海面、山峦、礁石和炮台之下，都曾有过无数苦难者洒下的血泪。我还看见远处山顶上白玉山塔笔直的影子，它像一把刀，深深扎在旅顺口的心上，那是日本侵略者留下的，保留它的本来面目，正是为了永不忘却。

几曲悲歌，几度铿锵。列强的铁蹄曾经践踏我们的家园，痛苦厮拼留下的是热血精魂，当苦难和屈辱已成往事时，时代正汇聚起无数支撑家国崛起的精神力量，沿着中华民族的复兴之路，让我们觉醒向前。

作者简介

朱湘山，海南省作家协会会员。20世纪50年代生于河南省南阳市，毕业于华中师范大学汉语言文学专业，先后供职于荆门市人民检察院和海南省公安厅等单位，从事非虚构文学和散文写作多年，出版个人专著《穿越苍凉》《微烛》《苍烟》等。曾在各类征文中获得过一、二等奖和优秀作品奖。

沈园访放翁不遇

王锦忠

江南都会，於越文华。一条流淌着唐韵宋律的鉴水，一座笼罩着岸柳烟霞的古城，一条条幽深的里弄，一处处错落有致的园林，留下的是一代代名士的身影。如一曲咏叹，一阕词牌，一声划过时代的轻叹，沁人心魄，召唤着诗和远方。

假如，你想追慕爱情的缠绵与坚贞、幽怨与痛楚，请到沈园。那里有两阕《钗头凤》的题壁，栉风沐雨，一唱一和，诉说着千年不老的爱情。

假如，你要感念一个诗人的爱国情怀、壮志未酬的心愿，请到沈园。那里有陆游纪念馆，吟哦着《剑南诗稿》里炽烈的精神品质。

当我踏上沈园的青石路时，如同走进了陆游的内心世界。一座沈氏园林，因为一位爱国诗人而名闻宇内，让人魂牵梦萦。沈园，历史的长焦，浓缩的是陆游一生。

陆游的一生大部分时间是在山阴（今浙江省绍兴市）度过的，生活轨迹大约围绕着四个点：少居云门，偶住梅山，终老三山，游览沈园。是的，陆游去沈园只是一次春日的游园，偶遇前妻唐琬，因感伤而题壁，因两阕《钗头凤》词而驰誉。但为什么说沈园是陆游一生的浓缩？这要从沈园的景点布局说起。

一

金秋十月，正是饱览山川秀色，遍访人文胜境的佳期。趁着国庆长假，我再一次造访沈园。

记得我国现代古典园林建筑学家陈从周说过："中国园林，能在世界上独树一帜者，实以诗文造园也。"[1] 又说，"园之存，赖文以传，相辅相成，互为促进，园实文，文实园，两者无二致也。"[2] 文人雅士的诗文如同文旅创意辞章，催发着普天下人慕名而至。绍兴沈园享誉中外，便是陈从周"以文造园"一说的生动例证。

沈园亦称"沈氏园"，是南宋一位沈姓富商的私家花园，距今已有800余年的历史。人们把沈园与陆游联系在一起，是因为两阕《钗头凤》题壁。800多年来，人们追思陆唐之间的真挚爱情，而使沈园成就了千古美名。

几经兴废修葺，现今的沈园分为三个部分：北苑（古迹区）、东苑和南苑。北苑古迹区内，保存着六朝至明清时期的遗迹、遗物。东苑在古迹区东侧，又被称为"情侣园"，小桥栏轩、绿树掩映，尽显江南园林韵味。南苑位于古迹区南首，主要建筑是陆游纪念馆与演艺剧场，馆中陈列了大量与陆游相关的手迹、资料、模型等。三个部分呈自然分布，错落有致，又相互呼应，庄重古朴，颇具宋代风格，堪称江南名园。

世人皆知，沈园是陆游的伤心地。绍兴二十一年（1151）春，26岁的陆游出游禹迹寺南的沈家花园，恰遇前妻唐琬与其夫赵士程同游，百

---

[1] 陈从周：《中国诗文与中国园林艺术》，《陈从周说园》，长江文艺出版社2020年版，第243页。
[2] 陈从周：《中国诗文与中国园林艺术》，《陈从周说园》，长江文艺出版社2020年版，第242页。

沈园东苑

感交集，遂题《钗头凤》一阕于壁上，掷笔离去。唐琬见词，心中触动，又提笔和了一首。事后唐琬抑郁成疾，抱恨离世。人们对于这段游园偶遇伤感题壁的故事熟稔于胸，如同能随口背诵《钗头凤》的词句一般。但故事并没有就此结束，近50年后，74岁的陆游仍难以忘怀，于庆元五年（1199）重游沈园，含泪写下了《沈园》绝句二首：

城上斜阳画角哀，
沈园非复旧池台。
伤心桥下春波绿，
曾是惊鸿照影来。

梦断香消四十年，
沈园柳老不吹绵。

沈园东门

此身行作稽山土，

犹吊遗踪一泫然。

开禧元年（1205），陆游又梦游沈园，作《十二月二日夜梦游沈氏园亭·二首》。嘉定二年（1209），84岁高龄的陆游在儿孙的搀扶下，再写七绝《春游》，追念唐琬。陆母造成了一场类似于《孔雀东南飞》的悲剧，而书写悲情诗句的则是陆游与唐琬。在这场悲剧中，好在没有发生自缚谢世的抗争。虽则沈园的题壁之后，女主逃不过幽怨成疾、香消玉殒，但终究再嫁后有夫君的接纳与宽容，既是女主所幸，也是世之所幸。

沈园的爱情故事太过悲情，《钗头凤》读来令人肝肠寸断，以至于世人误以为陆游是一个沉溺于爱情的多情才子，却未曾感受到陆游当时

《钗头凤》题壁

在孤寂中经受国破、情殇的双重煎熬的痛苦。陆游的不朽，非但在于坚贞不渝的挚爱真情，更在于至死不泯的爱国情操，在于辉煌绝代的文学成就。

1939年，周恩来同志在绍兴时，参观了陆游在绍兴的读书处——快阁。快阁位于城西，离三山颇近。周恩来同志作了如此评价："宋诗陆游第一，不是苏东坡第一。陆游的爱国性很突出，陆诗不是为个人而忧伤，他忧的是国家、民族，他是个有骨气的爱国诗人。"[①]

这一评价是非常客观的，而且具有现实性，因为当时中华大地正遭受着日寇的侵略。陆游一生作诗数万首，存世9300余首，而爱国之情贯穿了其全部作品。如《夜读兵书》曰："平生万里心，执戈王前驱。战

---
① 江明武编著：《周恩来生平全记录》，中央文献出版社2004年版，第280页。

死士所有,耻复守妻孥。"《书愤五首·其一》曰:"塞上长城空自许,镜中衰鬓已先斑。出师一表真名世,千载谁堪伯仲间。"陆游即使行在路上,也不忘忧国,如《山南行》曰:"国家四纪失中原,师出江淮未易吞。会看金鼓从天下,却用关中作本根。"天气渐凉,陆游即有感,赋诗《秋夜将晓出篱门迎凉有感二首·其二》曰:"三万里河东入海,五千仞岳上摩天。遗民泪尽胡尘里,南望王师又一年。"见风雨起,陆游又生念想,赋诗《十一月四日风雨大作二首·其二》曰:"僵卧孤村不自哀,尚思为国戍轮台。夜阑卧听风吹雨,铁马冰河入梦来。"听秋风,即有感触,赋诗《秋声》曰:"五原草枯苜蓿空,青海萧萧风卷蓬。草罢捷书重上马,却从銮驾下辽东。"作草书后,陆游产生遐想,作诗《题醉中所作草书卷后》曰:"酒为旗鼓笔刀槊,势从天落银河倾。"赋诗《龙眠画马》,记录观画所想曰:"呜呼,安得毛骨若此三千匹,衔枚夜度桑干碛。"从中不难得见,爱国情怀充溢着陆游的生活点滴。陆游的诗歌最主要、最突出的内容是,表现他抗金复国的爱国主义思想,这种思想贯穿他一生的创作过程。其忠君之心,更甚于屈原、杜甫。

二

每一种风格和精神的形成都会受到身处环境的影响。陆游爱国思想的形成与家庭环境是密不可分的,用古人的话叫家训,用现在流行的话,叫"养成教育"。

陆氏一族是典型的"移民"一族,因战乱一再南迁,避居江南。因此,渴望"克复中原"是国策,更是家训。陆游以上三世早已在会稽县五云乡云门草堂(今绍兴平水镇云门寺)定居,在绍兴市城南15公里。陆游之父名陆宰,官拜朝请大夫,直秘阁,是抗金的主战派,常在家中与志同道合者谈论国事。诸君经常慷慨激昂、声泪俱下、握拳挥臂、同仇敌忾，无疑给少年陆游上了一堂堂现场生动的爱国教育课。20岁，陆游便抱着"上马击狂胡，下马草军书"（《观大散关图有感》）的理想，这也早早地奠定了他人生和创作的基调。

陆游心怀报国之志，然而成年后的陆游却时运不济。陆游先是在28岁时去杭州进士会试，高居第一，本可以以状元郎的身份博一个好前程，得以重任，在收复故土上发挥更大的能量，却因秦桧为保孙子秦埙头名而失去了科举取得功名的机会。后来，好不容易遇到南宋皇帝中唯一有恢复中原之志的孝宗赵昚，陆游经周必大推荐，被特赐以进士出身，但刚正不阿的性格却成了他仕途前行的障碍，仅担任过一些通判之类的小吏。后被主和派构陷获罪遭到免职，回到故乡三山故居。

莫笑农家腊酒浑，
丰年留客足鸡豚。
山重水复疑无路，
柳暗花明又一村。

这是陆游闲居在家的春天，看到家乡的美丽风景诗兴大发，而写下的一首山水田园诗，名《游山西村》。据考证，这首诗描绘的山西村，靠近鉴湖和陆游的三山故居。

在沈园南苑陆游纪念馆，有一处陆游三山故居的模型。三山故居的实景，在绍兴城西面的鉴湖边上。1985年11月，纪念陆游860年诞辰时立有一碑，位于陆家池西南侧，碑上刻有陆游故居史料。2015年，绍兴市政府计划建设鉴湖三期工程，核心区域是建设陆游故里。三山，即为行宫山、韩家山和石堰山，是三座二三十米高的土丘。《春日》诗中

八咏楼

半壁亭

"老夫一卧三山下,两见城门送土牛"所说的三山,便是此地。陆游三山的故宅,位于韩家山与行宫山之间的陆家池西,共有十余间房屋。其南端为堂,称"南堂";堂后为居室,兼作书房,陆游称其为"书巢";堂东、堂西有小室,称为"东斋"与"西斋";南堂前后有大小两庭,小庭后为正屋。此外,还有小轩、老学庵、龟堂等建筑,以及种植梅竹、作物及养禽畜的园林。陆游用积蓄修建了三山宅院,从此,只要回到故乡,他就居住于此。淳熙十六年(1189),年过花甲的陆游回到家乡,一直到去世,前后约20年基本上住在三山过着田园生活。

由于年代久远,世事变迁,如今的三山陆游故宅已无遗物可寻。好在建成后的鉴湖三期工程再现了诗人笔下的山川风光,可以为游客再现南宋的乡村生活,尤其是为了再现"山重水复疑无路,柳暗花明又一村"的诗境,景点作了19处的动人布局,均出自陆游的诗词之意,构造放翁

沈园北苑

当年"柳桥南北弄烟霏，门不常关客自稀"（《忆三山》）的故宅闲居情景。

  陆游何以将退隐后的故居选址鉴湖边上的三山？"千金不须买画图，听我长歌歌镜湖。湖山奇丽说不尽，且复为子陈吾庐。"陆游山水田园诗《思故山》中的句子，给出了陆游选址三山的答案。

  诗中的镜湖，又称"鉴湖"，始建于东汉，汇聚会稽山三十六源之水。鉴湖绕城而走，水势浩渺，碧波映照，千百年来，其山光水色，吸引了无数的文人墨客慕名而来。陆游的三世祖因战乱南迁，便在鉴湖之源若耶溪旁云门草堂定居。鉴湖是浙东唐诗之路的重要一环，李白留诗"镜湖水如月"（《越女词五首·其五》），杜甫又云"鉴湖五月凉"（《壮游》）。明代的袁宏道更是夸赞鉴湖为"六朝以上人，不闻西湖好""彼此俱清奇，输他得名早"（《山阴道》）。而陆游有"小李白"之誉，深受唐诗的影响，对鉴湖的风光倾心尤加，在鉴湖旁筑庐而居，恨不得日日与鉴湖朝夕相对。如《初夏怀故山》云：

镜湖四月正清和，
白塔红桥小艇过。
梅雨晴时插秧鼓，
苹风生处采菱歌。

陆游耕读鉴湖南畔，陶醉于鉴湖的自然景色，用诗句描绘出一幅幅色彩斑斓、意趣盎然的山水田园图画。

三

陆游一生，令他最感到痛快淋漓、意气风发的大概是在南郑抗金前线的那段短暂的时光。刺杀猛虎以及与金兵短兵相接的几次小型战斗，使文人出身的陆游更加难忘。

陆游被主和派构陷免职后，回到三山故居。在家闲居数年后，任夔州通判。之后，又得主战的四川宣抚使王炎招请。陆游欣然前往，由此步入了人生的"高光时刻"。

这种高光，不只是赋闲后重入仕途那么简单，而是让他梦寐已久的抗金理想有了实质性的实现。南郑，一个在陆游生命里有着特殊意义的地名，记录了一位伟大的爱国诗人的一段光辉历程。四川宣抚使治所落在了这里，而这里正是南宋抗金西部战线的前线。陆游得以身披铁甲，骑马射猎，驰骋沙场，使他的诗作注入了豪迈奔放的边塞气韵。如《鹅湖夜坐书怀》：

昔者戍南郑，秦山郁苍苍。
铁衣卧枕戈，睡觉身满霜。

  在南郑期间，陆游不但与金兵有过几次小型的短兵相接，还有过在射猎中刺死猛虎的壮举。对于一个文人而言，这样的经历可谓少有的血脉偾张、惊险刺激时刻，足以成为他多年后反复回忆并讲述给儿孙听的骄傲往事。正是这段不平常的经历，对陆游的诗风由清新变为豪放起到了重要作用。陆游由家学长期累积的爱国情怀，在抗金战场得到宣泄；大量洋溢着爱国主义精神的诗作，得以受题材的推动成泉涌之势，挥洒而就。不但为文人墨客、坊间百姓所喜爱，还受到了皇上的欣赏，并得到了孝宗的召见。诗文影响，盛极一时。

  然而，一个官员的任职与罢免是仕途生涯的平常事，更何况偏安江南的南宋朝廷本身是一个犹疑于主战与主和两个对立面的摇摆政权。随着王炎的调任，陆游也无奈地被调离了南郑前线，后又陆续出任了四川一些地区的官职。转任嘉州，陆游尚未赴任便遭罢免。之后，他又被弹劾，理由是"燕饮颓放"，通俗地说，即好酒放浪。陆游干脆从此自号"放翁"，敢于与世俗对立，随性而为，倒是显露了几分"小李白"的风度。木秀于林，风必摧之。后来，陆游改任礼部郎中，兼实录检讨官，很快又被加以"嘲咏风月"的罪名，丢了官。

  那么，被免官退隐故乡三山故居的放翁，真能放得下"位卑未敢忘忧国"（《病起书怀》）的家国情怀，而放情山水、寄趣诗酒，以排遣自己的愁绪吗？

  却看陆游退隐三山追忆南郑时期军中生活的词，如《诉衷情·当年万里觅封侯》：

当年万里觅封侯，匹马戍梁州。关河梦断何处，尘暗旧貂裘。
胡未灭，鬓先秋。泪空流。此生谁料，心在天山，身老沧洲。

可见，陆游身处退隐，心系家国，有时做梦也念念不忘杀敌沙场的报国雄心，如《夜游宫·记梦寄师伯浑》：

雪晓清笳乱起。梦游处、不知何地。铁骑无声望似水。想关河，雁门西，青海际。
睡觉寒灯里。漏声断、月斜窗纸。自许封侯在万里。有谁知，鬓虽残，心未死！

又如《谢池春·壮岁从戎》：

壮岁从戎，曾是气吞残虏。阵云高、狼烟夜举。朱颜青鬓，拥雕戈西戍。笑儒冠、自来多误。
功名梦断，却泛扁舟吴楚。漫悲歌、伤怀吊古。烟波无际，望秦关何处。叹流年、又成虚度。

陆游晚年贫居三山，生活困顿，以粥充饥，"老去饥羸惟恃粥"（《野兴四首·其二》），有时断炊，就躺在床上不起来，他在"日晏犹眠为腹虚"（《贫甚戏作绝句八首·其二》)诗句下自注道"饥则卧不起，贫者之常也"。无米下锅的日子的确如诗人所述："贷米东村待不回，钵盂过午未曾开。"（《贫甚戏作绝句八首·其三》）他经常因为入不敷出而将衣服送去质当："寒暑更质衣，笑倒邻里人。"（《杂兴十首以贫坚志士节病长高人情为韵》）家里的奴婢因为贫困而散去，岁末连门神也无法更换，就

孤鹤轩

连心爱的酒杯也忍痛卖掉。诗人自称"仕宦十五年，曾不饱糠栖"（《太息·宿青山铺作二首·其二》），"出仕三十年，不殖一金产"（《累日多事不复能观书感叹作此诗》），"仕宦遍四方，每出归愈贫"（《杂兴十首以贫坚志士节病长高人情为韵》），陆游做官不敛财由此可见一斑。更为可敬的是，当时任浙东安抚使，兼绍兴知府的好友辛弃疾为解陆游之困，提出为他翻修屋子时，却被陆游辞谢了。在三山，陆游干起了农活，与周围的乡人感情日深，并因精通岐黄之术，治病救人，有乡人用他的名字来给新生的孩子命名，以示纪念。

嘉定三年（1210）春天，一位爱国忧民、壮志未酬的诗人走到了生命的尽头。在弥留之际，陆游写下了一篇充满血泪的歌唱《示儿》：

死去元知万事空，
但悲不见九州同。
王师北定中原日，
家祭无忘告乃翁！

强烈的爱国主义精神洋溢在字里行间，感染了一代又一代的人。如今读来，我们仍能从中领略到诗人的爱国激情是何等的执着、深沉、热烈、真挚，令人唏嘘感喟。

四

在陆游纪念馆的铜像前，我伫立良久，与这位800余年前的先贤有了一次心灵的对话。在他的身上，集中体现了一位有良知的封建士大夫爱国、忧民、敬业、廉洁的优良品质，为后世之楷模。

朱自清先生曾经这样评价陆游："过去的诗人里，也许只有他才配称为爱国诗人。"[①] 梁启超先生《读陆放翁集·其一》云："诗界千年靡靡风，兵魂销尽国魂空。集中什九从军乐，亘古男儿一放翁。"

好一句"亘古男儿一放翁"！在我国历史上，恐怕还没有一位诗人

---

① 朱自清：《爱国诗》，朱自清著，蔡清富等编选《朱自清选集》第2卷，河北教育出版社1989年版，第292页。

陆游铜像

像陆游那样将爱国主义的主题贯穿于一生的诗歌创作之中。随着历史的发展,这种爱国思想早已超越了时代和民族,成为中华民族宝贵的文化遗产。而位于绍兴沈园南苑的陆游纪念馆,也将更好地发挥出爱国主义教育的作用,奏响勤政爱国的时代强音。

挥挥手,我别了沈园,怀揣着两阕《钗头凤》的沉重,目光收敛起沈园亭轩的婉约与江南的柔情。面朝熙熙攘攘的人流,咀嚼起放翁壮志未酬的遗恨,在满城的桂香里,馥郁起对放翁一腔的敬意。

作者简介

王锦忠,笔名乔轼,浙江绍兴人,中国作家协会会员,浙江省绍兴市作家协会副主席。出版短篇小说集《时光的飞白》、诗集《岁月拓片》,作品发表于《传记文学》《飞天》《延河》《都市》《野草》《西湖》《文学港》《海燕》《泉州文学》等刊物。曾获《文艺报》"光阴故事奖"。

文化热土之西昌

郎小燕

从泸山俯瞰邛海

西昌，是四川省凉山彝族自治州首府。

现今，一提到西昌，世人就会联想到中国卫星发射基地。1984年4月8日，中国第一颗地球同步轨道卫星一飞冲天，西昌从此成了万众瞩目的地方。

此后，这里又陆续成功发射了"东方红一号""亚洲一号"等卫星，创造了中国航天史上的许多纪录。时至今日，西昌为中国航天的发展立下了汗马功劳，西昌也成为一个难以被忽略的存在。

但西昌的历史，源远流长，远不止于此，且看《西昌市志》记载：

西昌，汉置邛都，隋唐称越嶲，后名建昌，清改西昌。古丝绸南路重镇，中原通往西南的交通要冲，大渡河以南至金沙江以北一带政治、军事、经济、文化中心。[①]

[①] 四川省西昌市志编纂委员会编纂：《西昌市志》，四川人民出版社1996年版，第1页。

远在2000多年前的汉代，西昌就设置了郡县，之后也多为历代郡、州、司、府的治所。今日的西昌，则是凉山彝族自治州的政治、经济、文化中心。

除却悠久的历史之外，西昌冬无严寒，夏无酷暑，四季如春，气候喜人，十分宜居。

正值考研失败，远在凉山彝族自治州的大哥叫我过去散心，我便收拾行装，舟车劳顿，从重庆万州来到西昌，同时投入新一轮备考。也正是得益于这一机缘，我得以在西昌四周游览，与泸山的古树、邛海的湖水、建昌的城楼结下不解之缘。

大哥家坐落于西昌泸山脚下。屋后有两个操场，一个铺了塑胶，一个仍旧是水泥地面，都背靠着泸山。出门就是邛海边，邛海并不是大家所认为的无边无际的大海，而是一个天然淡水湖，但是它有海一般的颜色，蓝中带绿，煞是好看。

风景如画的泸山和邛海，自古就被誉为"川南胜景"，一面是浑然天成的美景，一面是悠远深厚的历史文化气息，它们都在召唤着我走近它、感受它。

深邃的泸山

说到山，身上流淌着中华民族血液的人，大概无人不知五岳：东岳泰山、南岳衡山、西岳华山、北岳恒山、中岳嵩山。我们是一个被山哺育的民族。

五岳之外，还有数不尽的山峰，世世代代屹立在中华大地的各个角落，守护着亿万中华儿女。川南藏有泸山，它东临邛海，西濒安宁河，北近西昌城，南依螺髻山。

山上有历经2000多年的汉代古柏，古树主干粗壮，通体呈灰黑色，

从泸山俯瞰邛海

苍劲威严的"巴蜀树王"九龙汉柏

夹带红棕色。它便是被称为"巴蜀树王"的九龙汉柏,主干之上,环绕着九根苍劲的枝干,犹如盘旋在上空的九条巨龙,朝蓝天直挺挺地延伸出去,像是在向上天诉说生命的坚韧。

清代诗人刘景松曾在《蒙段祠古柏歌》中歌颂泸山九龙汉柏:"苍龙夭矫挐云起,欲上朝帝帝曰止。留与山灵作壮观,雨鬣风鳞半青紫。霜皮驴迹印模糊,神女当年事有无。蒙耶段耶谁辨此,惟觉云气时蟠纡。"在他笔下,泸山汉柏如九条巨龙,盘旋于上空,搅得云絮纷乱,这九条巨龙想要飞升天庭,却仍旧被大帝留与山灵间,多年以来,蔚为壮观。九龙汉柏,历2000年之久,置身佛境,深知浩渺烟尘皆是空,唯有山灵伴左右。

我久久地凝视着它,像是面对着一位历尽沧桑、阅历丰富的老者。

它始终屹然站立在那儿，我们彼此之间静默无言，无言之中又有着道不尽的千言万语。其实，我已在心中无数遍地对它诉说我的苦闷：为什么每个人都在步履不停地奔波？没有人停下来告诉我，活着是为了什么。我只知道彻夜伏首书桌，起身是黑夜，躺下也是黑夜。我不停地叩问自己，却始终没有答案。

饱含智慧的古树，一定很想告诉我答案，它曾经历过那么多风雨春秋，看过那么多来往的世人，想来该是早已洞悉人事。或许，它已经将答案告诉我了，不是通过耳朵，而是通过眼睛。它在数千年的岁月里，历尽沧桑、濒临枯萎、气息将绝，却仍旧舍不得离去，兀自顽强地矗立在那里，也许是留恋人间，也许是想继续守护着这片大地、这片山林，也许只是活着。因为活着本身，就是对生命的敬畏。

泸山称得上宗教圣地，儒、道、佛三教共存一山，三教共尊一堂。沿着林间古道，自下而上，现今尚存有五祖庵、青羊宫、玉皇殿、瑶池宫、光福寺、观音阁、文武宫、祖师殿等各代庙宇。庙宇依山建立，周身色彩淡雅古朴，终年香火不断，游人来往不绝。古树旁就是光福寺，它是西昌泸山第一古刹，也是泸山最大的建筑群。走进寺内，便可见清代乾隆年间的铸铜钟，一看便知其年岁久远。古色古香的碑刻、烟火缭绕的香炉、身体庞大的铜铸佛像，都彰显着泸山古刹的千年盛衰。

传说古寺就是依着那棵汉柏选址的，真假不得而知，但可知的是，它们一定相伴许久。从古树冒芽生长，从它嫩绿的少年时期，就一直在那里。它见证了古寺的建造，见证了古寺的沧桑历程。它们一同成长，从青年到壮年，从壮年到暮年，经历了无数个春秋。形形色色的旅客，匆匆而来，匆匆而去。唯有它们，一直相互依偎，互诉心事，俨然已是推心置腹的老友了。

时值4月，寺外的樱花一齐绽放，一大片粉红深深地映照在行人的

光福寺中的樱花盛开似锦

脸庞上,一个个来往的行人,像是抹上了浓浓一层胭脂,顷刻之间,大家都像是变成了娇滴滴的姑娘似的。轻轻一仰头,便看见有几株樱花以蓝天为背景,色彩鲜艳,在明亮的颜色对比下,又显现出一派和谐。寺庙正正地耸立在中间,左右两旁开满了明媚的樱花,正是因那几树樱花,给寺庙庄严的面目之下,点缀了一抹粉色、一丝可爱。

眼前的这般景象，不禁让我想起了白居易，他游览庐山大林峰的大林寺时，便作出了《大林寺桃花》中"人间四月芳菲尽，山寺桃花始盛开"的千古名句。这里何尝不是一样的景色？略微不同的就是，应该将后半句改为"山寺樱花始盛开"。置身于山林古寺之中，仿佛穿越到了千年之前，伫立于白居易面前，四目相对，静默无语，感受着他的寂寥、愁绪、喜悦与淡然。

寺庙之下，有一方不大不小的广场。站在广场边缘俯瞰，就可以看见整个西昌的全景。放眼望去，阔大的邛海在眼前铺展开来，随着水域不断向四边延伸，天空湛蓝，朵朵浮云高悬于天上，果真就如同唐代焦郁《白云向空尽》中的"白云升远岫，摇曳入晴空"一般，甚是好看。

目光下移，蓝天白云一齐倾倒入邛海，映得邛海的水更蓝、更清澈了。

傍晚时分金色余晖下的邛海

葱郁的树木、红白的居民楼，围绕在邛海边上。再往远处眺望，一座又一座的高山，直直地耸立在对面，在云雾笼罩之下，倒像是一个个穿了青绿色薄纱衣物的意气风发的少年。因为距离遥远，我与那山，像是隔着空旷、隔着静穆、隔着朦胧。

置身于川南一隅的泸山，总是能让古今的文人才子驻足，引得他们久积胸中的无限文思蠢蠢欲动，至多撑不住半刻，那文思遐想便顿时喷涌而出。

清朝诗人杨学述也曾登上泸山，傍晚时分，从泸山向下极目远眺，情不自禁吟出一首《泸山》："泸山登览景无穷，槛外波涛接太空。古寺晚钟惊石子，邛池夜月唱渔翁。"前有邛海，后有泸山，上有弯月，下有山石，四周一片寂静，古寺的晚钟打破静默，响彻山中，回音久久绕梁，也激起了寺中人的禅心。

前人用"松""风""水""月"四字概括泸山景色，这四字分别代表着泸山的松、安宁河的风、邛海的水、西昌的月，唯有置身于此，才能将这四者尽收眼底。

茂密葱茏的泸山里，光福寺隐隐显现于山林之中，千年不朽的古树依然挺拔着不屈的身姿。我想，于梵音缥缈的云烟中，拂去萦绕心间的杂念与苦闷，任由着佛境禅意在心中流淌，隔着禅意看历史的尘烟，何尝不是人生幸事一件？

灵动的邛海

人在西昌，就不可能避开邛海不谈。邛海就像一只伏卧在川南的蜗牛，体型巨大，大如四个半西湖，常年沉睡在泸山山脚下。

邛海一开始并不叫邛海，《汉书·地理志》中记载此地为"邛池泽"[1]，《后汉书》又记载"邛池""邛河"[2]，直到唐代，"邛海"才在民间广为流传，但有文人雅士仍旧称其为"邛池"。

我在西昌备考的时日，最为享受的就是沿着邛海边散步，不论是三两亲人相随一道，或是独自漫游。

微暗的傍晚，顺着邛海边漫游，开始还能看见不少游人，越往深处走，人越少。四周渐渐寂静下来，偶有虫鸣声此起彼伏。原本高悬于天的太阳缓缓西沉，柳条低垂着脑袋，荷叶仍旧安静地躺在水面上，大朵的白云已被风吹散开来，只剩下成丝成片的云飘浮在空中。远处的山尖后还藏有堆积的云层，伴着晚霞，活像是个娇滴滴的小姑娘，身着一袭彩衣躲在山后，害羞得只敢露个头出来张望。偶有一群白鹭飞过，与远处的晚霞、近处的邛海，共同绘制了一幅"落霞与孤鹜齐飞，秋水共长天一色"的美景图。

待天色渐渐暗沉下来，落日躲在邛海对面的山后，但它的光辉却是如何也挡不住的。在它明亮的光辉之下，整个山体黑乌乌的一片，只剩下微暗的轮廓，水面倒映着金灿灿的光辉，像是洒下了满满一湖的黄金。山体遮住了大半个落日，却依旧挡不住它的光芒。

此后，待到弯弯的月亮高高地悬挂于上空，洒下一片明亮的光辉，耳畔是风吹过身后山林的松涛声、掠过邛海的水浪声。眼前浮现一幕景象，前人伫立于邛海边上，吟出一副对联："松涛声，海涛声，声声相应；天上月，水中月，月月齐明。"西昌一直都有"月城"这一美称，今日看来，它果真是不负盛名。身临此境，整日伏案的疲惫早已随风飘散。面对着

---

[1]（汉）班固撰，（唐）颜师古注：《汉书》第6册，中华书局1962年版，第1600页。
[2]（南朝宋）范晔撰，（唐）李贤等注：《后汉书》第10册，中华书局1965年版，第2852页。

30多平方公里的邛海，我第一次感觉到人的渺小；面对着已存在百万年的邛海，我第一次感觉到人生命的短暂。人在自然面前，再深的忧思，也该淡然处之了。那些时时萦绕在我心头的，能否"游上岸边"的答案，渐渐地，也随着邛海往深处散开去。

西湖有白娘子，洛水有洛神，邛海有"月亮的女儿"。邛海之畔有一座雕塑，名为"月亮的女儿"，她身披飘逸长发，手持一把长笛，倚在一轮新月上，吹奏着乐曲。关于"月亮的女儿"的传说，不外乎有两种。

第一种据《西昌县志》中记载，邛海之畔流传着一段关于段姓人家的故事。段家仅余母女二人相依为命，段家姑娘性情温婉，心怀慈悲，尤对泸山光福寺中的一位高僧怀有无限敬仰。一日，段姑娘见大师与众僧食不果腹，便毅然将家中肥沃的田地赠予佛门，平时更是不辞辛苦，时常用毛驴驮载着米粮送往寺庙。某年，正值大雪纷飞，光福寺高僧坐化于禅定之时。段姑娘携米至古柏之下，正当她打算解开驴背上的米粮时，那毛驴竟然腾空飞升，抬眼望去之际，她也随之飞升成仙，成为"月亮的女儿"，留下一段人神共仰的传奇。

此外，民间有着另一种广为传颂的说法。在山清水秀的西昌，居住着一位彝族少女，名为兹莫领扎。她有一双巧手，能织就世间万物，还有一副甜美的歌喉，能唱出天籁之音。一天，白云悠悠，掠过领扎洛山的时候，恰巧看见兹莫领扎静坐在树荫下，巧手翻飞，织就斑斓披毡，白云对此大为震撼，便向月宫中的仙女说起，引得月宫的仙女们钦慕不已，都想要学习兹莫领扎的非凡手艺，于是恳请太阳妈妈将其邀请到月宫。太阳妈妈感念兹莫领扎的诚心，遂命她执掌月宫，从此以后，兹莫领扎便成为那轮皓月之下最温柔的守护者，人称"月亮的女儿"。

既然是传说，就不必执着于真假。也许，此后，在邛海湖畔，每一个信步游走的人，总是会不自觉地想起"月亮的女儿"的传说。

据说马可·波罗也游历过西昌邛海。他在游记中记载:"境内有环墙之城村不少,有一湖,内产珍珠,然大汗不许人采取。盖其中珍珠无数,若许人采取,珠价将贱,而不为人所贵矣。"[①] 这个盛产珍珠的湖,就是邛海,果然,邛海那清澈干净的湖水与湖上出尘忘俗的幽静,终是吸引住了马可·波罗,引得他为邛海挥洒笔墨。

历史是一座城市的底蕴,比历史有着更为深厚底蕴的是自然。再多文人墨客的诗句,都不及邛海的水、水中的石、石下的泥,更能让人穿越千年去触碰这方山水的深厚底蕴。

潜藏的文化

古往今来,遍布在中华大地上,一座座城池拔地而起,有于历史中烟消云散的,也有久经磨难存活下来的。

山西的平遥古城、安徽的徽州古城、云南的丽江古城及四川的阆中古城,早已是人们耳熟能详的。我想诉诸笔端的,也是一座古城,它位于四川凉山,名为建昌古城。

建昌古城静谧地坐落于西昌市西北一隅,其历史渊源可追溯至明洪武二十年(1387),迄今为止,它历尽了600多年的风雨沧桑。古城之内有巍然矗立的大通楼,自明洪武年间建成之后,屡经战争、洪水、地震等灾害,尤其是道光年间那场骇人的地震,致使大通楼坍塌殆尽,西昌城内俨然一片废墟,世人闻之,皆慨叹其沧桑经历。直到1998年,地方政府顺从民意,决定重建大通楼,恢复后的大通门楼为重檐歇山式仿明建筑,城楼由正厅、耳房、楼厅、檐廊、阳台等组成。现今,城内随

---

① [法]沙海昂注:《马可波罗行纪》,冯承钧译,商务印书馆2012年版,第255页。

处可见石刻、木雕、花卉、彩灯等，经过悉心修缮后，建昌古城终是被复活了。

我有幸去过一次，待夜幕降临，城内灯火通明。漫步在古城之内，上空高悬着各式各样的灯笼，发出深幽而温暖的光亮。路边栽种着奇花异草，有古树横倒在地。待我将古城景色大概看完，再次信步于建昌城内，才郑重其事地想要寻找潜藏于商业面貌下的文化气息。

我伫立于街旁，遥思凝想，这里曾是南方丝绸之路西线"零关道"的中心节点，明清时就是商贸集市的主要街道。几百年来，这座古城，迎来了络绎不绝的马帮，马儿驮着丝绸、瓷器、茶叶、盐等物资，人们穿过一条条街道，与往来商人交易。

清代文人杨学述在《建昌竹枝词》中写道："人烟辐辏货堆排，填满东西两道街。高唱一声桥上去，卖花童子着花鞋。"从杨学述的词里，我们仿佛可以看到，建昌城内商摊琳琅满目，人来人往，一时叫卖声、高唱声、童子嬉闹声混杂在一起，喧闹至极，极目望去，整座古城大有一片繁盛之势。哪怕我们没能亲眼见过当时的繁华景象，今天，当我们走进大通楼，穿行于九街十八巷时，似乎依旧能听到从遥远的几百年前传来的马蹄声。

百年前的建昌古城，与今日的建昌古城，有多少差异呢？古今城内都灯火通明，放眼望去，人头攒动，大有人们常说的人间烟火气。旧时，它是商品流通的要塞，正是它的存在，使得商品贸易发展更为繁盛；今日，来自五湖四海的游人，跋涉几十甚至几百公里，走进建昌古城，只为追寻独属于这座古城的历史与文化底蕴。

西昌依泸山，傍邛海，自然是要生养出能人才士的。邻近建昌古城，有一条名为大巷口街的街道。清朝时，大巷口街是在西昌城外开辟，相交于西街、顺城街，当时的住户并不多，却出了一位著名的书法家，名叫张岳。

据《西昌县志·人物志》记载："岳，字镇甫，嘉庆壬申职贡，工书法，游览国内名山大川殆遍，交游既广，阅历颇精，倦游归里，以抄录经忏分恤孤贫为恒，其楷书如任太君墓志，榜书如真武观匾额，四川学使何绍基郭尚先按临阅之，咸赏玩不置云。"①

清朝咸丰年间，何绍基时任四川学政，主要负责四川的科举考试。何绍基于清咸丰四年（1854）前往西昌主持岁试，当他路过马水河街的真武观时，眼神掠过楼上的"真武观"几个大字，不禁大惊，驻足细看，才发现是张岳所书，当时就跪拜于前，并"按临阅之"。张岳颇精书法，仅以"真武观"三字就引得被称为"晚清第一书法家"何绍基的临阅与跪拜，足以见得其功底之深厚。

人杰地灵，从来都是人们向往的地方。西昌能人才士又何止张岳一个，清朝也涌现出一批本土诗人，作有大量竹枝词，他们记述西昌风物，展现地方风情，语言质朴清新，笔调情韵悠长，为西昌埋下了深厚的文化根底。

杨学述在《建昌竹枝词》中写道："水郭山垣绕建城，关门锁钥自天生。要知山水清佳处，二百年来享太平。"这一词作尽显建昌城的自然形胜，以山为垣，以水为郭，山水养城。颜汝玉又在《建城竹枝词》中写道："北山为镇众山环，前是泸瑶帽盒山。东有青龙蟠海上，牦牛西卧白云间。"同样极赞西昌山水之妙，以青龙、牦牛为喻，生动逼真，十分惹人动容！

西昌山水养人，人又以文化反哺山水。浓厚的文化气韵萦绕于这片山水，不自觉中，为这片山水增添了不少灵性。

先有生态而后有文化。我想，这个道理，西昌定也在同样雄辩地演

---

① 郑少成修，杨肇基等纂：《西昌县志》第3册，1942年铅印本，第38页。

绎着。对于西昌而言，没有生态，又何来文化？而且，所谓文化，从来都不只是文字形态的存在，更是生态化、景观化的存在。

作者简介

郎小燕，延安大学文学与新闻传播学院硕士研究生。

南岭秘语：无巧不成十八山水

张式成

纵目潇湘，由北到南沿京广高铁、京珠国道一线，有四座文旅名山："白银盘里一青螺"的君山，枫林尽染、千年学府挺立的岳麓山，"紫盖连延接大柱"的衡山，以及汉魏传说、唐诗宋词撑起的郴州苏仙岭。我光顾最多的，是郴州苏仙岭。

郴州当南岭要冲。南岭是长江流域与珠江流域的分水岭，贯穿湘、粤、桂、赣，区分沿海与内陆的气候和物产。而享有"湖南南大门"美誉的郴州，端踞南岭之上。此处的一山一水，为这座别具特色的旅游城市更添一重分量。

一

郴州的代表性景区为苏仙岭，它户开楚湘，面对岭海。郴州的名胜古迹甚多，仅苏仙岭—万华岩国家级风景名胜区便包含了三绝碑、苏仙岭、万华岩等特色景观。苏仙岭地脉发于南岭五大岭中最富人文气息的骑田岭，周回约15公里，主峰海拔526米，高于岳麓山和君山，凡到郴州的国内外游客入城即可见此山。苏仙岭紧贴郴江参天而立，伸出山臂

郴州"楚粤孔道"古篆书石刻

揽住澄绿的北湖，在唐代就已牢牢吸引了名流旅者的探奇目光。

我虽现代俗子一个，但登游多，视线便不止于秀丽风光。遥见 816 年夏，一个消瘦的文人被贬谪到连州，因"南方疠疾，多在夏中。自发郴州，便染瘴疟"[①]，只得由左迁郴州刺史的朋辈杨於陵安排驿站一间陋室治疗，这位文人便是"诗豪"刘禹锡。柳宗元贬柳州途中，闻与其并称为"刘柳"的刘禹锡染疾，特意从永州转道郴州看望。三位好友共同攀登苏仙岭，泛舟北湖。柳宗元诵《奉和杨尚书郴州追和故李中书夏日登北楼十韵之作依本诗韵次用》，以"游鳞出陷浦，唳鹤绕仙岑"句，讲述柳毅救龙女、苏仙济百姓的著名传说。刘禹锡向杨於陵打听苏仙传说与仙岭之名来历，追溯曹壮士平息北湖水患、朝廷封其"青史王"的史实，悟出"山不在高，有仙则名。水不在深，有龙则灵"的哲理，深思后写成散文美篇《陋室铭》。

由城市干道苏仙路漫步，即迈入苏仙岭的天然阔叶林，凡嚣顿除，耳中钻进古木秀竹的窃窃细语，道出"山不在高，有仙则名"之秘。传说西汉初年，以郴县为治所的桂阳郡瘴疟（俗称"打摆子"）四起。郡中少年苏耽，采药救民，与瘟疫抗争。这传说如山花野草生生不息，八

---

① 周绍良主编：《全唐文新编》第 3 部第 2 册，吉林文史出版社 2000 年版，第 6822 页。

方传播。在传为刘向所作的《列仙传》中，便记录了这位驱瘟救民的苏耽。东晋道教理论家、医药学家葛洪赴罗浮山经过南岭时，搜集苏耽事迹，详述于《神仙传》。

经竹木掩映的"福路"，上行即可到达白鹿洞。拾级而登，每块石板上都叠印着大旅行家徐霞客的踏实足迹。我在游览中亦钻入传说渊薮，漫忆郦道元《水经注》、见素子《洞仙传》、欧阳询《艺文类聚》、李昉《太平御览》、王世贞《列仙全传》、赵道一《历世真仙体道通鉴》等名著中记载的苏仙传奇。按《万历郴州志》《徐霞客游记》和《聊斋志异》等记载中的叙述线索，仁孝郎中苏耽及国家级非物质文化遗产"苏仙传说"，经千百年民间传承，大致如下：马岭山下有位美丽善良的潘姓姑娘，她浣衣于郴江边时，水面漂来一缕绿苔。她捞起闻其异香，未婚而孕，由于遭到封建宗法势力的迫害，便逃入山洞生儿苏耽，后悲哭离去。大雪封山，她担心孩儿，急返洞中，见白鹿为其哺乳，白鹤为其驱寒，遂坚定意志孤苦育儿。大难不死的苏耽天资聪慧，自幼放牛、打柴、捕鱼，孝养含辛茹苦的母亲，并学医术、种药草，为人治病，不求回报。苏耽13岁得道成仙，跨鹤飞升前，修房屋、留宝柜，泣别慈母时，预告将发生瘟疫，嘱其用橘叶为引，熬橘井中的井泉救人。果然来年瘟疫发生，苏母在庭院架起九口铁锅，苏耽暗中以竹杖化龙助力，日夜煎药救民。苏母百岁无疾而终，仙凡有别，苏耽只能降到岭顶的云松上哀哭三年。久之，松树枝柯纷纷伸向岭下母亲居处，成为郴州古八景之首的"望母云松"。

我攀上岭顶，顺着"望母云松"的枝丫远眺，肺腑间立马涌起感动。又想到，苏耽由一己的不幸身世将心比心，以稚嫩肩膀护佑乡亲，怪不得先民尊他为"孝子神仙"。岭上岭下可见橘井、橘井观、苏母墓、苏仙宅、寻母冲、苏仙桥、乳仙宫、白鹿洞、跨鹤台、飞升亭、苏仙观、望母云松等景观，怪不得这座岭与刘禹锡《陋室铭》中所悟出的"山不在高，有仙则名"如此吻合。此处名气起于唐代，沈佺期、王维、王昌龄、元结，乃至李白等人都吟诵过苏耽其人其事。足踏云梯，块块嶙峋石板似都能将唐诗的韵律奏响。

唐高宗于666年诏令各州置观，郴州于是将马岭山仙坛改建为苏仙观。好道的唐玄宗令司马承祯编纂《天地宫府图》，马岭山被纳入道教七十二福地中的第二十一。741年，郴州刺史孙会奉玄宗之命，在仙岚缥缈、云松摩天的马岭山下大兴土木，扩建苏仙观，悬"孝子神仙"匾；在东城门外橘井旁重修苏仙宅、兴建橘井观："巨唐开元二十九年也，特有明诏，追论偓佺，俾发挥声华，严饰祠宅。"[1] 出人意表的是，杜甫在《奉送二十三舅录事之摄郴州》中已将"苏耽井"称为"橘井"："郴州颇凉冷，橘井尚凄清。"诗圣领衔，诗家齐和，如林籁泉韵渗透时空，终使"苏耽橘井"成为良医良药的代名词。

立于岭顶望母云松旁，眺望岭下，郴江蜿蜒流淌，北湖波光闪闪，广厦间可见郴州市第一中学校园，润育过邓中夏、黄士衡、曾中生、朱森、周向宇等名人的橘井，就藏于其间。转身面对苏仙观，白垩金装，绿瓦大殿，典型的宋式道观，宛然浮于青苍。

移步观景，听松风林涛叙述医道同源之妙。据传北宋真宗朝，一郎中进献草药方，使贵妃顺利产子，真宗龙颜大悦，作《赐丁和还乡》，中有"橘井甘泉透胆香"一句，这是古诗文里首次出现"橘井泉香"的说法。从此"橘井泉香"成著名典故，与"杏林春暖"交相辉映，苏耽也因此而仙名大噪。苏仙观门额"敕封苏仙昭德真君"的蟠龙碑，即宋

---

[1] 孙会：《苏仙碑铭》，载黄仁生、罗建伦校点《唐宋人寓湘诗文集》第1册，岳麓书社2013年版，第686页。

理宗御赐。此处在道教的排位也递升至天下第十八福地，亦是七十二福地中直接以仙号冠名之山。徐霞客在游记中记载，入山即可见"天下第十八福地"穹碑，城东门外橘井观同时悬"天下第十八福地"匾额。

苏仙岭顶崖刻披覆草蔓，遮不住千年印痕风霜，今成国家级非物质文化遗产的苏仙传说不只蕴含了反封建、讲人道，母慈子孝、向善积德的伦理观，悬壶济世、造福一方的医家理想，不信天命、力抗天灾的思想信念，还透射出百姓的仙自人间的辩证思想，怎能不拨动人们心弦？最主要的恐怕还是，以人为本、尊重生命的理念，凝聚了大爱苍生的人文精神。这使得湖湘游览图上的幺微小点，巍然跻身中华人文思想的原生地之一。

苏耽母子事迹实为民族抗疫医学发端一则。橘井的奉献，连明代意大利传教士利玛窦也在《西国记法》一书中告诉西方，中国"记医以橘井，以杏林"。这口井的波光和这座岭的云烟，就此漂洋过海，流淌在欧美、日韩、东南亚的唐人街上。

二

岚气氤氲、霞蔚萦绕，一位髯须飘飘者穿过森林，停在岭半腰，不再登顶。他是唐宋八大家领袖韩愈，幼年跟随任韶州刺史的兄长，成年后两次被贬岭南，来往郴州数次。805年，韩愈寄寓郴州，熟谙此处山水人文。有意思的是，韩愈批判佛老思想，却为苏仙岭的廖道士撰序一篇。廖道士通经史、精方术、善医药，被皇帝敕封为"元妙真人"，却坚辞封赐返乡。廖道士执着于道教不愿做官，使得倾心儒学的韩愈扼腕兴叹，专赠一文，便是刻于苏仙岭景星观的《送廖道士序》：

宋理宗景定五年（1264）御赐『敕封苏仙昭德真君』蟠龙碑，嵌于苏仙观门额

　　五岳于中州，衡山最远。南方之山巍然高而大者以百数，独衡为宗。最远而独为宗，其神必灵。衡之南八九百里，地益高，山益峻，水清而益驶。其最高而横绝南北者岭。郴之为州，在岭之上，测其高下得三之二焉。中州清淑之气，于是焉穷。气之所穷，盛而不过，必蜿蟺扶舆磅礴而郁积。衡山之神既灵，而郴之为州，又当中州清淑之气蜿蟺扶舆磅礴而郁积，其水土之所生，神气之所感，白金、水银、丹砂、石英、钟乳，橘柚之包，竹箭之美，千寻之名材，不能独当也。意必有魁奇忠信材德之民生其间，而吾又未见也。其无乃迷惑溺没于老、佛之学而不出邪？

　　廖师郴民，而学于衡山，气专而容寂，多艺而善游，岂吾所谓魁奇而迷溺者邪？廖师善知人，若不在其身，必在其所与游。访之而不吾告，何也？于其别，申以问之。①

　　游客往往慕韩愈文豪大名，匆匆一览，认为其文气势磅礴、笔力昂扬，士子文人则俯身碑前琢磨一番。韩序以南岳衡山开篇，极赞南岭、郴州地理之伟壮、山水之形胜、生态之美观、物产之丰赡。韩愈断言中州清淑之气糅合"维岳降神"之感化，地灵必生人杰，自己却未能得见。非凡者是否因沉迷道佛之学不肯出仕？眼前郴州廖师多才多艺，耐寂寞、专于学、善交游，应属魁奇之士了吧，他是否为有才华却沉溺于老子学说之人呢？廖师交游广又知人善鉴，魁奇才德之民若非他，那就在他交游的人中。访问他，他却不告知我，又是为什么？临别再问，三翻四旋，诙谐戏谑。

　　韩愈所言南岭生"魁奇忠信材德之民"实非言过其实。韩愈在郴州还作有《送孟秀才序》云："今年秋，见孟氏子琯于郴，年甚少，礼甚度，手其文一编甚巨。"②认为郴州孟琯乃奇才。何况，《衡湘稽古》记载远古神农"作耒耜于郴州之耒山"，《秦楚之际月表》记载秦末义帝"徙都江南郴"，东汉桂阳郡人蔡伦发明"蔡侯纸"……足见郴州及周边地区乃是人杰地灵之所。

　　韩愈规劝廖道士的序文引得后世名流击掌称妙。清桐城派代表刘大櫆喟叹："此文如黑云漫空，疾风迅雷，甚雨骤至，电光闪闪，顷刻尽扫阴霾，皎然日出，文境奇绝。"③曾国藩激赏："磊落而迷离，收处绝

---

① （唐）韩愈：《送廖道士序》，载郭预衡、郭英德主编《唐宋八大家散文总集（新版校评修订本）》第1卷，河北人民出版社2013年版，第171页。
② （唐）韩愈：《送孟秀才序》，载郭预衡、郭英德主编《唐宋八大家散文总集（新版校评修订本）》第1卷，河北人民出版社2013年版，第172页。
③ 吴在庆主编，丁放副主编：《唐五代文编年史·中唐卷》，黄山书社2018年版，第302页。

诡变。"① 晚清古文家、翻译家林纾指出:"此在事实上则谓之骗人。而在文字中当谓之幻境。昌黎一生忠鲠。而为文乃狡狯如是。令人莫测。"②

三

要说奇绝,可循丹枫翠竹、藤萝岩壁,去白鹿洞上头朱梁飞甍的护碑亭。石崖下小碑面一尺半见方,映照出一个卓异身板,那是北宋婉约派词宗秦观。入仕后,秦观志不在诗词华章,而心忧天下,撰《策论》50篇。以国家安危、民生冷暖为怀,提出革新政见,肯定王安石变法并分析利弊,不赞成尽废新法的司马光。黄庭坚《晚泊长沙示秦处度范元实用寄明略和父韵五首·其一》称赞:"少游五十策,其言明且清。笔墨深关键,开阖见日星。"

但新旧党争如苏仙岭藤蔓相缠。由于秦观与苏轼关系甚密,迭遭小人暗算,由国史院编修官被贬为杭州通判,再降处州监酒税官,1096年冬又被贬郴州。传说过长沙时,遇一歌娟,几案置秦词一卷,能吟唱,感动秦观。歌女知其身份,先惊后敬,愿以身相伴。翌年春寒,独居郴江畔的少游,于国事,抱负不能展;思骨肉,相隔千山;念亲友,同在远方;迁谪途中结识的知音红颜,也只梦里相望。闻听"不如归去"的杜鹃凄声鸣放,《踏莎行·郴州旅舍》顿生于腹,情韵倾泻笔管:

雾失楼台,月迷津渡,桃源望断知何处?可堪孤馆闭春寒,杜鹃声里残阳树。

---

① 陈克明:《韩愈年谱及诗文系年》,巴蜀书社1999年版,第227页。
② 林纾:《韩柳文研究法》,载赵敏俐主编《中国文学研究论著汇编·古代文学卷》第69册,天津古籍出版社2019年版,第467页。

驿寄梅花,鱼传尺素,砌成此恨无重数。郴江本自绕郴山,为谁流下潇湘去?①

典雅妍美、智巧纤丽,借凄迷幽景诉愁苦心境,悱怨中突显愤厉,由此婉约派诞生一首代表词。黄庭坚读了,钦佩作跋:"右少游发郴州回横州多顾有所属而作,语意极似刘梦得楚蜀间诗也。"②

婉约词宗消沉了吗?秦观心吞苦难,孑然一身活动在苏仙岭郴江附近,知晓了西汉苏耽母子的典故,在应邀参加一老中医寿宴后,撰《念奴娇·朝来佳气》:

朝来佳气,郁葱葱,报道悬弧良节。绿水朱华秋色嫩,景比蓬莱更别。万缕银须,一枝铁杖,信是人中杰。此翁八十,怪来精彩殊绝。
闻道久种阴功,杏林橘井,此辈都休说。一点心通南极老,锡与长生仙牒。乱舞斑衣,齐倾寿酒,满座笙歌咽。年年今日,华堂醉倒明月。

秦观一反婉约风格,豪情讴颂80岁老医师身板瘦硬如铁杖,像苏耽橘井抗疫救人一样却不声张,本性可通上天主寿的南极星,故被赐列长寿仙班。此词比肩苏轼的恢宏雄放,更将"橘井""杏林"并列夸赞,成为文学、医学典故。

郴州人喜欢于七夕登苏仙岭顶,在巅峰观月,看玉盘巨影辉映人间。秦观遭贬远州,由此联想自己的命运情感之苦,就着冰轮照临窗户,又

---

① 引文按郴州苏仙岭"三绝碑"版本。
② (宋)黄庭坚:《跋秦少游踏莎行》,载张惠民编《宋代词学资料汇编》,汕头大学出版社1993年版,第203—204页。

湖南郴州市苏仙岭——万华岩国家级风景名胜区，上题"天下第十八福地"

创一首名作《鹊桥仙·纤云弄巧》：

纤云弄巧，飞星传恨，银汉迢迢暗度。金风玉露一相逢，便胜却人间无数。

柔情似水，佳期如梦，忍顾鹊桥归路。两情若是久长时，又岂在朝朝暮暮。

哲宗于1100年病逝，徽宗大赦天下，秦观绝处逢生，却因数年遭际，最终病卒于广西藤县。《踏莎行》婉约凄美之声停息，同时获赦的苏轼，闻讯多日不食，痛彻肝肠。书画家米芾含悲将秦词苏语一并书写："秦少游辞，东坡居士酷爱之，云'少游已矣，虽万人何赎！'"后人以"淮海词""东坡语""元章笔"，尊奉为"三绝"。南宋郴州知军邹恭将米书秦词苏语，于与秦词意境相似的苏仙岭石壁镌刻，世称"三绝碑"。历代名人到郴必瞻。

不过，松涛竹韵、鸟语虫吟会向游客絮叨：收拾心情，游览脚盆井、桃花居和"无数奇珍藏洞里"的万华岩地下河溶洞吧，这仙风道骨的国家级风景名胜区，这苍郁幽深的南岭青山，藏着太多名堂。我从年轻游到2023年3月出版《苏仙传说·橘井泉香》一书时，才最终明白几分。

四

无巧不成书，被称为"天下第十八泉"的水，也在郴州。山，一般人都晓得是哪座，水恐怕要介绍一番了。

《水经注》云："水出县南湘陂村，村有圆水，广圆可二百步，一边暖，一边冷。冷处极清绿，浅则见石，深则见底。暖处水白且浊，玄素既殊，凉暖亦异，厥名除泉，其犹江乘之半汤泉也。"[1]此处所称的"圆水"，即为郴州古八景中的"圆泉香雪"，也就是"天下第十八泉"。这"天下第十八泉"并非郴州人自封，而是跟茶神陆羽、鉴水状元张又新关联。我数次去坳上镇，田野调查与游览，只为破解这一命名谜团。

要破解，只能从张又新说起。张又新生卒年不详，是河北深州陆泽（今河北深州）奇才，倒可肯定。史载他连中三元，时称"张三头"，担任左右补阙，据说政治品质不佳，依附奸相，唐文宗见"众状满前，群议溢耳"[2]，将他左迁江州刺史。

芳香满乾坤的中华茶饮萌发于神农，兴盛于唐代。真正考究煎茶用水则始自陆羽、张又新的年代，好水配佳茗，蔚然风气开。825年前后，张又新写出香氛馥郁的《煎茶水记》，因这美饮名篇博得"鉴水状元"之名。

---

[1] （北魏）郦道元撰，谭属春、陈发平校点：《水经注》，岳麓书社1995年版，第568页。
[2] （后晋）刘昫等撰，陈焕良、文华点校：《旧唐书》第3册，岳麓书社1997年版，第2528页。

张又新在《煎茶水记》中叙述了此文的来龙去脉，写法上虚实相生，却又有凭有据、妙逢巧合。先说其做过工部侍郎的父亲的朋辈、已故刑部侍郎刘伯刍，学问精博，品评出适宜煎茶的名泉佳水七等，不过都在长江下游地域。张又新比较这七种水，觉得水质确如刘伯刍所言。而熟悉此处的人告诉他，刘伯刍未及搜访到浙江就去世了。于是，张又新利用赴任浙江永嘉县县令之机，专程到汉代严子陵钓台所在的桐庐县严陵滩品水；用至清至冷的溪水煎"陈黑坏茶"，竟"皆至芳香"，煎名茶更"不可名其鲜馥也"①，此水远胜刘伯刍列为第一的扬子江南零水。他到永嘉后，取仙岩瀑布水煎茶，水质也不在南零水之下。于是他恍然有识："夫显理鉴物，今之人信不逮于古人，盖亦有古人所未知，而今人能知之者。"② 道理悟出来，再揭一奇事。元和九年（814）春，作为新科状元的张又新，和同辈友人相约聚会于长安城荐福寺。他先到，在西厢房玄鉴室歇息，门帘掀开，进来一位楚地僧人。僧人的背囊中露出几卷书，张又新好奇僧人读的书，伸手抽出一卷，见"文细密，皆杂记"；翻到卷末，有一篇《煮茶记》，记的是唐代宗年间，湖州刺史李季卿上任过扬州，路遇湖北天门奇士陆羽之事。

　　陆羽乃是诗人、史学家、书法家、剧作家、地理学家，唐代宗曾诏拜其为太子文学，又徙太常寺太祝，但鄙夷官场、酷爱自然的陆羽辞谢不就，作《六羡歌》云："不羡黄金罍，不羡白玉杯。不羡朝入省，不羡暮登台。千羡万羡西江水，曾向竟陵城下来。"

　　陆羽与李季卿早就认识，曾对坐畅饮。两人一见，便去扬子驿站吃饭。

---

① （唐）张又新撰：《煎茶水记》，载叶羽主编《茶书集成》，黑龙江人民出版社2001年版，第1页。
② （唐）张又新撰：《煎茶水记》，载叶羽主编《茶书集成》，黑龙江人民出版社2001年版，第2页。

李刺史兴奋莫名,说陆羽擅长品茶,所以名扬天下,扬子江南零水又特殊绝好,今日碰上,可谓"二妙"千年一遇,哪有如此空前绝后的事啊!便派一个军士,带瓶子乘小船,往扬子江心取南零泉水。陆羽只得颔首应允,备好茶具等候。

一会儿,军士把水打回来,陆羽舀了一勺扬起来一看:"的确是扬子江的水,但非南零水,好像是靠岸边的水。"那军士不承认:"我划小船往江心去,看见的有上百人,怎敢说假话呢?"陆羽不搭理,倾出一些水,剩半时,再舀水扬,笑道:"此处以下才是南零水。"军士大惊:"我取南零水后,回来接近岸边时,小船摇晃,瓶中水荡出一半,我怕少了,所以舀江水加满。先生竟然识破,真是神鉴!"在场数十人,愕然惊奇。谁想到陆羽羡水至品水,竟似神超仙。

李季卿知道陆羽在撰《茶经》,品水范围广阔。便请陆羽评判各处水质。陆羽便说:"楚水第一,晋水最下。"[1]并将天下名水列为20处。李刺史赶紧让人记录,题为《煮茶记》。20处名水排序为:

庐山康王谷水帘水第一;
无锡县惠山寺石泉水第二;
蕲州兰溪石下水第三;
峡州扇子山下有石突然,泄水独清冷,状如龟形,俗云虾蟆口水,第四;
苏州虎丘寺石泉水第五;
庐山招贤寺下方桥潭水第六;

---

[1] (唐)张又新撰:《煎茶水记》,载叶羽主编《茶书集成》,黑龙江人民出版社2001年版,第2页。

扬子江南零水第七；

洪州西山西东瀑布水第八；

唐州柏岩县淮水源第九；（淮水亦佳。）

庐州龙池山岭水第十；

丹阳县观音寺水第十一；

扬州大明寺水第十二；

汉江金州上游中零水第十三；

归州玉虚洞下香溪水第十四；

商州武关西洛水第十五；（未尝泥。）

吴松江水第十六；

天台山西南峰千丈瀑布水第十七；

郴州圆泉水第十八；

桐庐严陵滩水第十九；

雪水第二十。（用雪不可太冷。）[①]

陆羽说这20处水都尝过，他认为水的品质不同会影响茶汤的色香味。但烹茶用水不必过于拘泥名泉名水，茶树产在哪里就用哪里的水煮，就能得水土之宜泡出好茶味；再上好的水运到远处，其功效只能剩下一半；而茶汤品质高低也不完全受水左右，善于烹茶、保洁茶具，能更好地发挥水的功效。

张又新不愧为状元手笔，文中叙述的陆羽故事鲜活、形神毕现。不过其文在陆羽去世10余年后面世，一些人认为有托陆羽名气之嫌。但张

---

① （唐）张又新撰：《煎茶水记》，载叶羽主编《茶书集成》，黑龙江人民出版社2001年版，第2—3页。

又新品尝过那些水，而且他文中强调的"显理鉴物"之说颇有分量：不必迷信古人，学无止境，天下的事物、道理没有尽头，君子应不懈地钻研，才不止于见贤思齐。这些千载之前的鉴水高论，闪耀着唐代文人讲科学的精神光辉。总之，状元把茶神的高论写出，再添自己的体验见解，撰成950余字的《煎茶水记》，开茶水理论先河，成为优秀的品鉴水质之文。

五

《煎茶水记》一出，郴州圆泉名气高涨。对人们来说，好水有如好酒，谁不垂注？北宋苏轼的好友、文学家张舜民谪监郴州茶酒税，不寻好酒，先找圆泉，找到城西义帝陵西永庆寺外一眼清泉，喝后感叹山俊水美好地方，便笔走龙蛇撰写一首长诗《郴州》，其中有"橘井苏仙宅，《茶经》陆羽泉"句。但传说他返回京城后，汴梁有到过郴州的人提醒说："您的诗真好，但是您梦寐以求的'陆羽泉'，不在城西而在城南。"他这才悔青了肚肠。原来，张舜民误将永庆寺的浮休泉认为是圆泉了。

北宋末词人阮阅，走马上任郴州知州，他早已读过《煎茶水记》，这回主掌郴州，便经常去"天下第十八泉"煎茗豪饮。他写出《郴江百咏》，其中十绝《圆泉》随着芳香茶气传开："清冽渊渊一窦圆，每来尝为试茶煎。又新水鉴全然误，笫作人间十八泉。"阮阅诗中批评张又新，竟将如此甘泉排在第十八位。南宋，朱熹于1194年任潭州知州、荆湖南路安抚使。他到郴州时，亦专门寻饮天下第十八泉，题写"清风明月"。

嘉定十一年（1218），郴州知州万俟侣得知上述林林总总趣闻，忍不住书写"天下第十八泉"六个大字刻于圆泉石壁，以不误天下慕名者，使"天下第十八泉"与"天下第十八福地"苏仙岭，相互映衬成原生态山水绝景。到明嘉靖年间，郴籍理学家何孟春撰《圆泉记》，谈自身体验：

"圆泉水余亲齑其上，信有异脉茶记不虚著也。"并言："事非验之闻见，弗信可也。"[1]

名物总不止一面，《水经注》记录圆泉最先名叫"除泉"。南岭、郴州百姓早有传说：上古瘟疫频发，一位善良的香雪姑娘，见民众疾苦，便采集南岭百草，利用甘泉配制药剂。一个老道仙点化她："瘟疫可恨。若要人有病早除、无病防之，可采集南岭百草，利用甘泉配制药剂'百病除'。不过，这会使你慢慢变成一座石像，守在泉水上方，此泉即天下第十八口能为民祛病的甘泉，你是否情愿？"姑娘默默点头，毅然走向泉边。她为救民经受了怎样的痛苦，天地可鉴！水一样的女子，用胜过坚石的信义，用肉身在南岭深深刻下"天下第十八泉"的内涵。我听了这传说，叹悒后才开悟，怪不得《水经注》记其名为"除泉"，原来因其可抗疾疫。

传说把圆泉的名气推向另一重境界，吸引古今无数人。我与"驴友"们同游时，一位"驴友"冷不丁抛出个难题："天下第十八泉，我们晓得来历了，郴州古八景'圆泉香雪'之名是怎么来的呢？"令人额头冒汗。回家查资料，总算考据出含有"香雪"两字的一条：大词人辛弃疾1179年任湖南转运副使、潭州知州兼湖南安抚使，曾走马郴州，而他在送陆姓友人归乡的《六幺令》词中，挥洒出极漂亮一语："细写《茶经》煮香雪。"这大概与郴州古八景之"圆泉香雪"的成因有关。可"驴友"又问："为什么要将圆泉与《茶经》关联起来呢？陆羽的《茶经》和圆泉有什么关系呢？"后来我经过查考，发现古人在数首诗中都将"圆泉"别称为"陆羽泉"。

---

[1] （明）何孟春：《圆泉记》，载夏剑钦编《湖南纪胜文选》，湖南师范大学出版社2011年版，第203页。

直到我编《中国茶全书·湖南郴州卷》，于2020年再次造访圆泉，脑筋豁然开朗：张舜民、阮阅、朱熹、辛弃疾，对陆羽著《茶经》、品鉴天下名水诸事定然了如指掌，陆羽应曾在圆泉品茶。那么，他的茶叶从哪里来？似乎很简单，从郴州城带上。可他长途跋涉，行李累赘，还能带多少茶砖？应该是到一地便取当地茶、水品尝，才能撰出《茶经》。所以，陆羽极可能当年过圆泉，采摘野茶于后山，就地煎水痛快饮下，启迪了《茶经》的形成。因此，《茶经》便和"圆泉"产生了关联。思路打开，所以2020年12月，我同郴州市茶叶协会的行家，专门去圆泉，钻入后山，果然在荆棘丛里发现了野生茶，冬日里仍然叶绿沁香。

怪不得郴州有着"陆羽泉"的意象：浮休居士张舜民咏"橘井苏仙它，《茶经》陆羽泉"，后世成为名联；辛弃疾吟"细写《茶经》煮香雪"，南宋江湖诗人萧立之诵"口渴频呼陆羽泉"等。而是否就此产生了"圆泉香雪"呢？我不敢确定。有些事，还真难做到"古人未知而今人定知"。

总之，因茶神陆羽、鉴水状元张又新、浮休居士张舜民、稼轩居士辛弃疾等名流和香雪姑娘的传说，郴州圆泉才拥有了各种美名，"天下第十八泉"、"清风明月"、"湖南甘谷"、郴州古八景之"圆泉香雪"，现代还扩展到路名"香雪路"。再想想，最美还是美不过那静静迎候游客的琼浆玉液。今天，湖南文旅部门将它确立为重点文物保护单位，加强周边生态保护，使泉水延续幽香。

作者简介

张式成，湖南郴州市义文化研究会会长、市徐霞客研究会顾问；中国散文学会、中国大众文学学会、湖南作协会员，郴州市作家协会名誉副主席、湖南报告文学学会理事；郴州市政协原委员兼文史研究员、历史文化名城保护办专家组长。有散文发表于《人民日报》副刊、《北京文学》、《湖南文学界·文学风》,《神秘的笑容与神奇的舞姿》入选《新时期湖南文学作品选》。

从英吉沙到尉犁

魏　军

一

如果不是观看"高空王子"阿迪力摄人心魄的表演,我便不知道这个世界上还有"达瓦孜"这一古老的艺术。这享誉世界的"达瓦孜"发源于中国西部的一个小城,小城它有一个清新的名字——英吉沙。

英吉沙,在维吾尔语中意为"新城",位于新疆维吾尔自治区西南部,昆仑山北麓,塔里木盆地西缘。英吉沙地区在古代就是叶尔羌与喀什噶尔间的重镇,是古代丝绸之路的驿站。

英吉沙,仅仅是这一个名字,已构成视觉上的美丽,能引起人无限的遐想。单是包含的音韵,就已经冲击了听觉。词语间散发的引力,足以让人来一次远足,领略它梦境般的美。

我慕名而往。

车队离开喀什市区,沿着公路疾驰。公路两边满眼都是优美的田园风光,一望无际铺排开来,天地之间,尽收眼底。

一段时间后,在公路的左边出现了一大片戈壁滩,在阳光下绵长地延伸着。滩上布满粗砂、砾石,灰黄的颜色暴露了它的粗犷豪迈、雄浑壮阔。偶尔有一些耐旱的植物点缀其间,但看不到动物,哪怕是一只鸟。

公路的右边景色截然不同，是一片接一片的棉花地。和其他地区的棉花不一样，这里的棉花矮小密集。这个季节里，它们在忙着吐丝，一朵朵洁白的棉絮从裂开的果荚里冒出来，连成一片，色泽高亮、纤维长，如平铺的白色瀑布。新疆充足的阳光造就了这一区域名品。

在连成片的棉花缝隙里，点缀着一条一条的金黄色，就像给这白色瀑布镶上了金色的丝带，那是盛开的向日葵。在白色的映衬下，向日葵更加熠熠生辉。偶尔出现的几排杨树，时不时让人心头一震。在晴朗的太阳底下，蓝色的天空中沉睡着的朵朵白云，和地上的棉花颜色一致，一时间竟分不清天上人间。

二

经过一小时的颠簸，我终于看到了英吉沙。这是一座小小的县城。城内的街道干干净净，这让我们感觉舒适多了，毕竟一路上都是尘土飞扬。小街上行人稀少，和中国东部县城熙熙攘攘的大街不大一样。我们沿着街道向前，两边的建筑色彩鲜艳，多为低矮的单层或双层建筑。置身如此古朴的建筑中间，内心顿时升腾起一股宁静，让曾经喧嚣的心获得片刻安宁。

"人潮汹涌"是我对去过的每一个城市的标准印象，然而在英吉沙，却可以在小街上悠然信步。这里的人们是从容的、文雅的。生活如微风拂面，彻底消除了摩肩接踵的气势。

英吉沙的陈设散散漫漫，从来不像闹市那样繁花似锦、灯红酒绿，也从来不像闹市那样熙熙攘攘、人头攒动。英吉沙的人们平实而稳重，他们选择了自己的风格，自然而居。

英吉沙的建筑热烈而温暖，一排排，一片片，整齐而有韵律，如落在大地上的一盘棋。它们在阴晴昏晓之间从容不迫，袅袅炊烟升起，流入时光的长河。

小街的每一扇窗似乎都嵌着一个古老的故事，镶着一个传说。它们静静地站在那儿，不可触碰，那些故事正欲喷涌而出。

我们经过大街小巷里的每一户人家，房前大都种植了绿色的植物。有小树、灌木、鲜花，盆盆罐罐，三三两两，彰显着主人的喜好。这一丛丛一簇簇的绿，在这个气候干燥的小城里尤为珍贵。

走累了，自然要补充食物。街上有几家饭店看着不错，我们远远地就闻到了香浓的味道，这香气在微风里吹拂，沁入鼻孔，让腿脚乏力的我们更加饥肠辘辘了。挑选了一处简单的小饭馆，里面陈设古色古香，整洁大方。这里的面食最美味，店主把一碗碗家常拌面放在桌子上，那股混合的香气使胃口翻腾。我们也顾不上客气和礼仪，便先尝为敬。临行时，店主还送我们一小盘西瓜和点心。

补充了体力，我们就直奔手工小铺。一直听说，英吉沙的小刀久负盛名，此时目睹，果真名不虚传。小刀的样式从简约的造型到华丽的外表，不一而足，琳琅满目，仅仅是一个小铺就让人眼花缭乱。

英吉沙的小刀工艺始于数百年前，经过历史的积淀，造型别致，款式精美，刀刃锋利，有着明显的西域元素。那纤薄的刀片，有的黑若乌金，笼罩着肃杀之气；有的亮如白银，透出寒冷之意。刀把更是纷繁多样，有直的、弯的，有圆柱形、锥形、伞把形，有牛角状、鸟头状等，形态各异。有牛、羊等动物的角类材质的，也有木质的、铜质的。木质刀把以名贵木材切割打磨而成，铜质刀把手感沉重，似有一股力量喷薄欲出。有的刀把上还镶嵌了人造宝石、不锈钢或银质雕花工艺，更加凸显小刀的王者之气。

英吉沙小刀的铸造工艺极其烦琐，有几十道工序。首先要选择优质钢材，经过高温炉火千锤百炼，制造成粗坯和细坯；然后上工作台用机器砂光，或者用手工锉磨；最关键的是淬火，目的是让刀刃更锋利，以至于吹发断丝。

一把精致的小刀自然离不开别致的刀鞘。刀鞘有铜壳，也有革套，刻着有特色的花纹和图案，或镶着珠宝、玛瑙、玉石以及金属装饰，又添色不少。每一把英吉沙小刀都是独特的存在。

三

从英吉沙县城出发，往东两公里就是土陶村。

雪水融化，从昆仑山上淌下来，又从村庄里每户人家门口流过，就如江南水乡。只是这里没有青青的石头，只有厚厚的黄土，门外也没有桃红柳绿。整个村子都散发出一股土陶艺术气息，房屋外墙刷上了泥巴，有的平整光滑，有的凹凹凸凸，参差不齐，间或在某一处墙壁上还镶嵌着土陶瓶子、罐子作为点缀。村里的那一股喷泉，也是土陶水壶的形状。这样的装饰风格让我们眼前一亮。

在英吉沙的土陶村，我们见到了土陶传承人阿不都热合曼·买买提明，以及他亲手制作的精美土陶。阿不都热合曼·买买提明在村庄里专门制作土陶，在英吉沙很多人都知道他的名字。

阿不都热合曼·买买提明告诉我们，传承民族工艺是土陶人的责任。他也是如此践行的。

土陶村烧制土陶的历史悠久。《新疆土陶艺术》一书中记述："远在新石器时代，新疆地区就已有土彩陶器的制作和使用，在南北疆、东疆多处出土的古陶器丰富而瑰丽，彰显了新疆古人类的文明创造力。"①这一泥土艺术，虽然经历了数千年的历史，却依然保持着最古老的制作技艺。

随着经济的发展，村庄人家多选用塑料、玻璃及不锈钢制品作为盛放东西的容器，土陶制品在英吉沙乃至新疆本地的市场越来越小，土陶艺人手工精心制作的土陶制品一度无人问津。他们中的大多数人因为无法继续依靠制作土陶养活一家老小，被迫改行做其他工作，只有少数艺人还在坚持自己的梦想，然而也只能生产很少的土陶，偶尔有游客购买。这种窘迫的状态让他们无法承担养家糊口的责任，还要兼职做一些其他工作。年轻人都不愿意继承父辈的手艺，这让英吉沙独特的土陶艺术面临失传。

在山东省援疆对口支援下，英吉沙县实施了土陶村乡村振兴文化旅游示范项目等，土陶村迎来了春天。工作组不光在饮水、生活、生产方面给予大力支持改造，还对土陶艺术这一国家级非物质文化遗产进行抢救和保护。先是筹措资金对民居、庭院、外墙和巷道进行重新规划，统一装饰，展示英吉沙土陶艺术。村里还建有一处土陶展览馆，馆内有展示区和工作区。土陶村的每一名匠人都可以免费在这个展览馆内制作艺术品，并把它们摆放在展区，供游人选购。同时还组织土陶村的艺人与外地交流学习，英吉沙的土陶又可以大放光彩了。

阿不都热合曼·买买提明，这名国家级非遗传承人，每天都忙得不可开交。家里常常人来人往，从全国各地慕名而来的土陶爱好者，都愿意近距离观赏一块黄泥变换成艺术品的传奇经历。阿不都热合曼·买买提明的儿子在认真学习父亲的手艺的基础上，又虚心借鉴新疆各地和江

---

① 张文阁：《新疆土陶艺术》，新疆人民出版社2006年版，第6页。

西景德镇等地方的技术，为这一传统艺术增添了新元素。

在工坊里，阿不都热合曼·买买提明切下一块大小合适的黄泥，放置在旋转的工作台上，两只手轻轻握住泥坯，拉坯塑形。随着手的上下移动，通过手握力量大小的改变，泥坯的形状一点点变化，不一会儿就呈现出水壶的轮廓。阿不都热合曼·买买提明说，这只是一个水壶泥坯，还要经过晾晒、打磨、上釉、烧制等十几道工序，才能最终成为一件可以使用的土陶制品。

展馆里"土味十足"的展台上，摆放着匠人们制作好的各种土陶艺术品。

我们在几名老艺人的指导下，每人选了一个土陶样本。将泥坯放在台子上，旋转、塑形、雕花，还真费了好大劲。说来惭愧，我们每一步都是在老艺人出手帮助的情况下，才能进行下一步。如果有足够的时间等待，还可以把亲手制作的工艺品放进窑室里烧制，收获一份惊喜。

给土陶上色的颜料，来自从高山上或戈壁滩上采集的彩色石头。把石块粉碎碾磨成细末，添加铁锈和植物油，就可做成釉料。这些天然的颜色在高温烧制后可蜕变成光彩夺目的亮色。

走进英吉沙，我们如被一种声音牵引着，拖着舒缓的节奏，经过一扇扇门，透过一扇扇窗，驻足或者徜徉。老妪的慈祥、孩童的天真，微笑间稀疏而缺失的牙齿，都可化为一幅静物。

在英吉沙，我们深深地感受到了它的随意与慢节奏——让心沉醉在微风中，沉浸在一段红墙的梦里。仅仅是一次相遇，英吉沙便成功地在我的心底攀爬，一路洒下生命的恣意，荡涤去满怀的尘垢，种下一抹恬淡而平和的绿色。

习惯了这种恬淡，以至于回归闹市后，夜里常常睡不踏实，几次拥被而坐，一点点透析那英吉沙空气中的氤氲。看月光慢慢浮上窗棂，此时英吉沙的小街上一定月光如水，祥和之气微微荡漾。

英吉沙在几多岁月的洗礼中，日益俊朗，留给人们无限的回忆。这西域之风，从春到夏，从秋至冬，不停地轮回。数千年，日月更替，沧海桑田，斗转星移，它依然守在这里，等待更多的人认识它、懂它。

四

风一路南下，越过天山，越过库尔勒，眼前就是一幅"罗布麻花开，千里尉犁乡"的图画。尉犁又名"罗布淖尔"，得名源于罗布泊。在天山与塔里木盆地之间，尉犁是一种独特的存在，被誉为库尔勒的"后花园"。

这是一处人文内涵深厚的地域，天高云淡，视野辽阔，月华如水，星空灿烂。西汉时期的渠犁城、唐代的焉耆都督府、清代的新平县……塔里木河与孔雀河温润流淌于此。这一方广袤的土地上，各色人与事奔走流转，一次次目送夕阳的逝去。这里的土地贫瘠，却慷慨给予，无论谁在此驻足，总能接受它的馈赠。生于斯，长于斯，万千生灵在尉犁的空气中与黄土里氤氲，沉淀成一曲壮美的歌谣。

在尉犁，不只有蓝得透彻的天空、清得见底的河水，在风中还总能聆听到罗布人的歌声。罗布人村寨，被称为世外桃源，总能让人对这片土地心生向往。罗布人村寨上自带一层神秘的气氛，似乎有一股神秘的力量吸引着我，憧憬之至，欣喜而往。沙漠绿洲竟是如此让人流连忘返。仅仅罗布人村寨的大门，就给人一种原生古朴的亲切感。

罗布人村寨位于塔克拉玛干沙漠东北边缘，距尉犁县城约30公里。村寨面积很大，却只有20余户人家，这在中国东部地区是不可思议的。即便在中国西部地区，也是村庄面积中的佼佼者。这是一片原始地带，是罗布人世代居住生活的家园，几乎与世隔绝。村寨里充溢着古老朴素的元素，如塔克拉玛干沙漠、游移湖泊、塔里木河、原始胡杨林、原始草原及坚守在这里的罗布人。

罗布人最早生活在罗布泊附近。古书记载，他们生活在塔里木河河畔，以小舟捕鱼为生。罗布人的语言被称为"罗布方言"，为新疆的方言之一，其民俗民歌都具有独特的艺术价值与人文价值。

曾经，此处湖水较多，湖边水草丰美，湖边鱼虾众多，同时也养育了西北侧的楼兰古城。后来由于气候变迁等，上游的水源逐渐减少，湖水慢慢干涸。罗布人生活艰难，之后顺着河流向上寻找有水草的地方定居，逐渐移居到现在的罗布村寨，直至今日仍以渔业为生。

罗布人生活在弥漫的黄沙中，这样的恶劣环境并不适合人类的生存。然而，罗布人凭借鱼的能量在这里坚守了上千年时光。祖祖辈辈烤鱼的技艺一代代传承下来，罗布人个个都是烧烤能手。把一条新鲜的鱼清除内脏，沿腹部分开，平展，一条鱼变成了一个大鱼片，用细红柳枝条撑开，如一只展开翅膀的鸟，再取一段较粗的红柳树枝，一头削尖穿入鱼的脊椎处，另一头斜插在沙土里，找一些干枯的红柳树枝，在下面燃烧一堆篝火。等烟气散开，色香味就烧了出来。值得一提的是，罗布人在烤鱼时绝不多放作料，仅放一点盐巴，这种原始的滋味，让远道而来的人称赞不已。

罗布人逐水而居，哪里水草丰美，哪里自然就鱼虾丰裕。塔里木河水对于罗布人尤为重要。塔里木河水千年流淌，滋养了沿岸的生灵。站在一望无际的塔克拉玛干沙漠边沿，才能清楚这里的每一滴水是何等的珍贵。原来罗布人往往在一个地方居住数月就迁徙到另一处，居无定所，每到一个地方，就寻一棵大树建房屋，他们的房屋异常简陋。罗布人把从水边割下的芦苇晒干，捆成捆儿，围绕一棵大树四下展开，织在一起，如一把大伞罩在地上，里面的狭小空间便是起居室。现在的罗布人已定居在村寨里，早已学会了用树木支撑搭起草木屋，透光透气，宽敞舒适。

在罗布人村寨，人们无欲无求，心地善良豁达，唯有三餐四季的朴素日子，没有压力，没有污染，一切从河水黄沙中来，又回归其中。罗布人呈现了世间少有的健康长寿景象。只有来到罗布人村寨，你才能近距离感受到这里老人们长寿的秘诀。

五

在尉犁，每个季节都有它独特的美。一汪汪海子（高原湖泊），是尉犁的镜子，映照着尉犁人生活过的景象。在夏日里，眺望起起伏伏的沙丘，看茂密的红柳在风中左右舞动曼妙的身姿，检阅一排排参差错落的胡杨林，它们如卫士守护着这片古老的人文之地。如果坐下来，静静地听老一辈人讲述神女湖的故事，你一定会被凄美的情节感动。

在尉犁行走，路边是棉花地，又或者沟渠纵横，在水边，红柳胡杨纷纷闪过，接着会出现戈壁沙丘，胡杨树一片连着一片映入眼帘。在这片沙漠绿洲上，在塔里木河与孔雀河畔，总有一缕生机，引起人们对生命的向往、对大自然的敬畏。

在尉犁，胡杨就是它的门户，是地标性的植物。尤其是秋后的胡杨树，片片黄叶在风中舞动，又或者静静地矗立着，恰似一则则童话。

在尉犁的葫芦岛，这种金黄更是淋漓尽致，如油画大师的浓墨渲染。水边的湿地里，夏日里曾经深绿的芦苇草，此刻变得干枯，呈黄白色，一片连着一片，随河水蔓延着，芦苇秆如一支支利箭，斜斜地刺向天空。芦花白茫茫的，似一团团雪落在芦苇的头顶。这芦花更加映衬了周围的金黄色，如鎏金的泼墨画。

在芦苇的簇拥中，一棵棵胡杨树挺立着，枝叶密密匝匝，上下绕为一团。在海子边上，在水中，每一棵都有不同的姿态。异常的生存环境使得它们生长各异，或直立向上，或旁逸斜出，或高大威猛，或矮小玲珑。然而，它们始终保持着距离，自强奋发，站成自己的风景。

胡杨林围绕着湖泊，把最亮丽的身姿映入水面，远远望去，就是两个画面、两个世界，一个清澈真切，一个朦胧虚幻。这一排排胡杨林的外围则是沙丘，沙丘连绵起伏，伸向远方，或另一片海子。也只有在这里，大自然才能把不可能的事物连接在一起。水、胡杨、沙丘同置一个画框里，错落有致，诗意充盈。白云点缀着深蓝的天空，伸向远方，在天地交界处，黄沙、白云、蓝天融为一体，冲击着视觉。在波光粼粼的水面上，更能理解王维《使至塞上》诗中"大漠孤烟直，长河落日圆"的意境。

在这少有人至的胜境，驶一叶胡杨独木舟轻轻泛波，蓝天白云映入水面，小舟又如在天空飞翔。小桨不忍惊扰这幽静的水面幻境。在湖水中央，也有几棵胡杨树，它们孤独地被水包围了众多时光，或许在等待一个时机，等待有缘之人与之相逢，看一眼便可领略彼此的心境，也不负它默默坚守了许多个春绿秋黄。我不知道在这无边的旷野，它们是如何度过寂静夜晚的，这种寂静可以让空气都变得凝结。

胡杨堪称尉犁的勇士，千百年来威风凛凛地立于沙漠腹地，迎风沙，抗寒暑。最让人叹为观止的是，它们的忍耐力，只要有水的滋润，胡杨就悄悄地生长起来，日渐壮大。然而，沙丘会不停地侵蚀海子，河水的变化路线也不一定有规律。当胡杨脚下的水消失后，它就苦苦地等待，等待稀罕的雨水，等待河水再一次来访。然而，多不尽如人意，当这片生命之地完全被沙丘占领时，当河水永不复归时，英勇的胡杨即便枯叶落尽，躯干变得僵直，它依然直直地挺立着。这是一个神奇的物种。有人赞美它"活着一千年不死，死后一千年不倒，倒后一千年不朽"。它千年矗立，却又千年孤独，从春夏的青绿到秋天的金黄，再变成冬天的枫红。它坚守在尉犁，守护在沙漠的边缘，以不同的心境表达着对世界的抗争。日月星辰见证了胡杨生命的坚韧与顽强，这种倔强的美不输于任何一种花枝招展，虬枝曲折便是这大漠里真正的美。

  在尉犁，随处可见这热情好客的胡杨，沙漠中有胡杨林，河畔有胡杨林，戈壁滩上也有胡杨林。它们相同又不相同，有时连成一片，有时串成一行，更多的时候是星星点点地站立天地之间，孤独却不失落。它们与罗布人一起，千百年来与世隔绝，默默栖息在大漠里。四季变换的风、流向天际的黄沙，把胡杨与罗布人的沧桑往事在这里刻画，随塔里木河一直流传至今。罗布人皱纹里隐藏的故事不比塔里木河的曲折少，甚至比胡杨的叶子还要多。

六

  在尉犁，在罗布人中间，感受到的不仅仅是异域的风情。我们与罗布人村寨隔着无数时间与空间的距离，应该融于它们中间，以一个自然生物的身份，抚摸每一滴水、每一粒黄沙、每一片树叶，体验生命的回归、灵魂的沉淀，让自我安于简单。

  今天的尉犁，罗布人不只有以捕鱼为生的原始生产生活。在农业现代化的今天，尉犁全力推进农业现代化进程，着力打造科技创新高地，发展高效农业，多产联收，以科技赋能，助力农村农业发展新征程。

  在塔里木河，在罗布泊，一块一块的淡水养殖场，如一颗颗洒落在南疆的珍珠。每年6月，在渔船缓缓的行驶中，一条条的笼被拉上岸，笼内是一只只肥肥的螃蟹，这就是塔克拉玛干沙漠中著名的"六月黄"蟹。六月黄极为肥美，壳薄、肉嫩、黄多是它的名片。每年六七月上市之际，水产商络绎不绝，一派繁忙的景象。这种开壳见黄、硕大肥美的螃蟹，已不再是中国东部沿海地区的专属，在尉犁居民的餐桌上常有它的影子。

除了螃蟹，在水草丰美的水域里，还饲养着鲤鱼、鲢鱼、草鱼、鲇鱼等各色鱼类。这些水产品不仅丰富了本地居民的日常生活，还销往外地，为尉犁人增产创收不少。曾经的独木舟变成了机动小船，往昔的捕鱼度日，演变成了养殖致富。尉犁人走向了一个新的阶段，踏上了新征程。

水中鱼蟹肥，田里绿油油。

一直听闻新疆尉犁的西瓜个大汁甜，直至徜徉在瓜田里，才能真切唤醒有点挑剔的味蕾。尉犁地处塔克拉玛干沙漠的边缘，阳光照射强度高，又因为属于沙性土壤，透气性好，昼夜温度差异大，甘洌温凉的天山雪水一路流淌，得天独厚的生长环境造就了这一人间优品。2013年，"尉犁西瓜"荣获全国农产品地理标志。

尉犁西瓜具有皮薄、瓤沙、汁多的特点，在炎炎的夏日，捧起一块鲜红的西瓜，只需咬一口，蜜甜的汁液就会溢满口腔，安抚每一处味蕾。尉犁瓜农满眼含笑，穿行在西瓜种植示范园区，一眼望去，一地绿意盎然的瓜蔓边躺着一个接着一个的大西瓜，这些西瓜圆滚滚的，一行行整齐地排列在田间。这一排排欣欣向荣的景象，催开了尉犁人脸上的喜悦之花，预示着丰收的希望，描绘了幸福的愿景。

如果你是远道而来的客人，尉犁人会为你斟上一杯罗布麻茶。这清香略咸的口感，一下子就能解除鞍马劳顿的疲劳。罗布麻茶的生长得益于尉犁的独特环境——土地偏沙性、土质疏松、透气性好、排水容易。罗布麻茶外形卷曲，结构密实，茶粒为绿色。冲泡之初，水色为绿色，色莹透亮，其后变为金黄色，口感适宜。

从格尔木至库尔勒的火车已经开通，依次经过若羌县、尉犁县，在青海和新疆之间架起交通大动脉。每一个喜欢旅行的人透过火车窗望去，两侧尽是茫茫河海、辽远的沙漠，以及金色的胡杨。这些美丽的图景在呼啸的火车两侧飞奔着，让每一个行走者，尽情享用这浩大的山河盛宴。今天的尉犁，秉承着胡杨的坚守，沿袭着罗布人的执着，在广阔的天地间，在新时代的建设大潮中，志存高远。

作者简介

魏军，山东省曹县作协会员。作品发表在《唐山文学》《散文百家》《中国铁路文艺》《躬耕》《当代小说》《牡丹》《六盘人家》《山东诗歌》《参花》《山东散文》《教师博览》《张家界日报》《乌海日报》《日照日报》《牡丹晚报》《鲁西南文学》等。

张掖三日

王　冠

写下这个题目，完全是仿写《长江三日》。当年刚上高一，语文老师讲刘白羽的《长江三日》和李健吾的《雨中登泰山》，整整讲了20多天，所以印象极为深刻。

张掖，《大明一统志》称"取张国臂掖之义"[1]。作为在甘肃上学、工作11年的人，我也曾在出差途中路过张掖，惊鸿一瞥，想起来模模糊糊、雾里看花，说起来似是而非、语焉不详，总是让我有些汗颜。为了弥补在山不知山、在水不见水的尴尬，这次去张掖之前，我看了一些介绍张掖的资料，还找来纪录片《河西走廊》，将其中与张掖有关的文字认真熟悉了几遍，以增加我曾经"在场"的感觉。

一

第一日，山丹。

山丹是张掖的东大门。当地人说，山丹的"长城魂，佛山缘，艾黎情，马场梦"都是山丹最为亮眼的名片。对我而言，提起山丹，我最先想到

---

[1]（明）李贤等撰，方志远点校：《大明一统志》第4册，巴蜀书社2017年版，第1811页。

的是上大学时听甘肃同学讲的山丹军马场。在山丹军马场博物馆陈列着一张图片，1949年8月1日，中华人民共和国成立前夕，毛泽东同志向第一野战军和西北军政委员会电令："要完整无缺地把玉门油矿和山丹军牧场接收下来。"中华人民共和国成立后，山丹军牧场成为军马场。21世纪初，转为企业，以"山丹马场"之名闻名全国，乃至世界。

祁连山的平均海拔在4000米以上，祁连山脉北麓是一道咽喉般的狭长走廊——河西走廊。河西走廊因地处黄河以西而得名，从空中看，河西走廊呈北西—南东走向，其南面紧靠祁连山脉，再往南是高高隆起的青藏高原，北面是内蒙古高原，西面是天山山脉，这使得河西走廊形成了独特的气候环境：既有大片的戈壁荒漠，又有广阔的绿洲草原。独特的通道地位，使得河西走廊自古就是多民族文明交流融合的核心区域。汉代之前，匈奴人就在焉支山下饲养良种战马，在那个依靠骑兵纵横驰骋、

夏末秋初的山丹马场景色

迅速突击的时代，优良的战马意味着向更远处开拓的力量和速度。

当地人介绍，今年的雨水偏少，草的生长不如雨水丰沛年份那么茂盛，有的地方裸露着成片的泥土。其时正是夏末秋初，气候凉爽宜人，蓝天白云下，能远远地看到成群的马匹，悠然自得地低头吃草。更远处的焉支山群峰耸立，云彩投射下来的阴影在山腰涂抹出了片片斑驳，使得群山看上去更加冷峻、坚硬。

伫立于广阔的草场，仰望蓝天白云卷舒不定，近看绿草马匹各得其所，虽未见万马奔腾、蹄声撼地的壮阔景象，但依然能够想象出2000多年前的这片辽阔土地曾是博弈战场，让人不由得想起陈子昂《登幽州台歌》中的"念天地之悠悠，独怆然而涕下"[①]。

现如今的山丹马场，其源头在汉代。按当地人的话，山丹马场的第一任"场长"是霍去病。

公元前121年春，汉武帝刘彻派霍去病出征匈奴。霍去病从乌鞘岭进入河西走廊，在今山丹县城南与匈奴展开大战，大获全胜。同年夏，霍去病再次率军出击河西地区，亲率精锐骑兵迂回居延海，孤军深入，从弱水上游地区向匈奴军队侧背发起猛攻，措手不及的匈奴主力部队遭到毁灭性打击。后，霍去病再次出征河西，率军接受匈奴的投降。至此，霍去病打通了河西走廊，西汉王朝逐渐占据河西走廊地区，先后设置了武威、酒泉、张掖、敦煌四郡，并迁移大量人口到此戍边、生产，山丹马场从此成为汉朝的马场，为以后的养马备战作出了不可替代的贡献。河西走廊从此繁荣，中国从此打开了通往西方世界的陆上大门。

河西三役，汉军大获全胜，史书上对此描述精练，充满赞叹。而匈

---

① 上海古籍出版社影印：《全唐诗》上册，上海古籍出版社1986年版，第214页。

匈奴人则吟唱：

> 失我焉支山，令我妇女无颜色。
> 失我祁连山，使我六畜不蕃息。①

唐代诗人王维，在他尚未进入朝廷为官前，便写下了一首《燕支行》，节录几句：

> 誓辞甲第金门里，身作长城玉塞中。
> 卫霍才堪一骑将，朝廷不数贰师功。
> 赵魏燕韩多劲卒，关西侠少何咆勃。②

诗句的意思是，作为堂堂大唐子民，我追求的不是舒适宅第和富足的生活，我的志向在千里之外，宁愿以此身去守卫地处遥远的长城要塞。汉代的卫青、霍去病以自己的功业成就千古美名，如今像"贰师将军"那样的功劳在国家都算不上显赫。自古以来，赵、魏、燕、韩这些地方多出精壮的士兵，而关西的有志少年又何不是摩拳擦掌、声冲霄汉。发端于汉代，显现于唐代的少年人的英豪抱负之气，穿越时空，扑面而来。

而"封狼居胥山，禅于姑衍，登临翰海"③的"场长"霍去病年仅23岁便因病去世，像是一颗璀璨耀眼的彗星，光芒四射却又极为短暂。

---

① 龙生祥译注：《古诗十九首与乐府诗》，青海人民出版社2004年版，第105页。
② 陈铁民选注：《王维诗选》，中华书局2018年版，第16页。
③ （汉）司马迁撰，（南朝宋）裴骃集解，（唐）司马贞索隐，（唐）张守节正义：《史记》，中华书局1982年版，第2936页。

霍去病出身贵族却尚武勇敢,"匈奴未灭,无以家为也"①成为流传千古的铿锵名言,马踏匈奴的形象在岁月的洗礼中伫立永久;他擅长骑射、气魄超凡,弱冠之年岁就"历五王国……转战六日,过焉支山千有余里""首虏八千余级,收休屠祭天金人"②,建立不朽功勋,成为征战河西的英雄,世代传唱至今。

长风浩荡,吹来,又吹走历史的烟尘。

今天,山丹马场仍然是世界上历史最悠久的马场。山丹马场是国家重要的战略资源,它作为大自然的馈赠,作为历史的见证,作为文化的标识、精神的象征,作为民族记忆的载体,将继续保持荣耀,散发着雪山融水般甘冽清凉的气息。

二

离开山丹马场后,我参观了山丹艾黎纪念馆。馆内陈列着有关路易·艾黎(Rewi Alley)生平事迹的图文、实物以及其他收藏品。像这样专门为一名外国人建的纪念馆,在国内应该是不多的。

路易·艾黎1897年出生于新西兰,是新西兰教育家、作家。1927年,路易·艾黎来到中国,在上海公共租界工部局担任防火警察、工业督察长等职务。抗日战争爆发后,他与中外友人发起"工合运动",并担任中国"工合"工作的技术顾问。1939年以后,路易·艾黎先后到达延安和晋西北等地,协助兴办兵工企业。1942年,他与友人创办培黎工艺学校。

---

① (汉)司马迁撰,(南朝宋)裴骃集解,(唐)司马贞索隐,(唐)张守节正义:《史记》,中华书局1982年版,第2939页。
② (汉)司马迁撰,(南朝宋)裴骃集解,(唐)司马贞索隐,(唐)张守节正义:《史记》,中华书局1982年版,第2929—2930页。

山丹艾黎纪念馆外观

学校于 1944 年搬迁至甘肃山丹县，强调创造、分析、理论联系实际。

路易·艾黎曾这样总结自己的一生："中国给了我生活的目的，给了我一项愿意为之奋斗的事业，这事业一年比一年更加丰富，它使我得以置身于前进中的亿万人民的行列。这一切多么意味深远，谁还能想到什么报酬，会比我得到的这一切更加美好。"这是他的语言，也是他的行为。他在山丹生活了 10 年，在此期间创办了工厂，建立了西医医院，开办矿山，兴办农场，主持修建锅炉，用蒸汽发电，使地处西北内陆的山丹第一次有了汽车、拖拉机、电灯、电报，有了西医和手术。路易·艾黎带给山丹人的生活变化令人震惊。1953 年，路易·艾黎离开山丹，定居北京。1980 年，他将所收藏的 3800 余件文物捐献给山丹。

1984 年，路易·艾黎生前最后一次重返山丹。他写下了一首《人怎样才能富有》：

人的一生何等短暂
就像一阵风一掠而过
有的人留下万贯家财
让懒惰的儿孙恣意挥霍
而真正的富有
应该是为同代人的幸福
竭尽所能
除此还能理解成什么？①

三

  山丹还是汉明长城保存最为完整的地区。山丹汉明长城博物馆，是一个规模不大，但展陈内容丰富、精彩的博物馆。

  汉长城绵延万里，从规制上看，修筑仍沿袭了秦代，大都用夯土筑成，也可以说是带有简易的特点。公元前111年，东起永登、西至酒泉的长城开始修筑；公元前102年，居延塞开始修筑，其北起居延泽，向南分别与张掖和酒泉相连。这样，长城在河西走廊就形成了一个"人"字形的防御体系。山丹的汉长城大抵就是处于这个体系当中，两千余年来始终屹立在戈壁风沙的苍茫岁月中。

  长城从汉代起，既是中原与少数民族的交往时的通道，也是二者之间冲突时的屏障，背后包含着诸多政治、经济因素，也是一场历史性的文化交融与较量。有学者认为，从汉文化的角度看，来自北方异域的压力，

---

① 聂广涛、李琰：《用毕生书写中国情——记新西兰友人路易·艾黎》，《人民日报》2018年1月21日 第7版。

山丹艾黎纪念馆

刺激了传统内部的进取精神,并汲取了异质文化中的某些长处为己所用,一方面开辟了通往中亚、西亚的文化和商业交流通道,促进了传统与外来文化的互补和融合;另一方面,战争的胜利也强化了文化上的自我确认和自我中心感[①],"不教胡马度阴山",成为人们长时间的渴望。

席慕蓉的《长城谣》,以诗歌还原了这样的情感:

尽管城上城下争战了一部历史
尽管夺了焉支又还了焉支
多少个隘口有多少次悲欢啊

---

① 参见吴方《图说中国文化史》,生活·读书·新知三联书店2019年版,第153页。

你永远是个无情的建筑
蹲踞在荒莽的山巅
冷眼看人间恩怨

为什么唱你时总不能成声
写你不能成篇
而一提起你便有烈火焚起
火中有你万里的躯体
有你千年的面容
有你的云　你的树　你的风

敕勒川　阴山下
今宵月色应如水
而黄河今夜仍然要从你身旁流过
流进我不眠的梦中[①]

四

第二日，平山湖大峡谷。

刘白羽的《长江三日·十一月十八日》开头就写道："这一天，我像在一支雄伟而瑰丽的交响乐中飞翔。我在海洋上远航过，我在天空上飞行过，但在我们的母亲河流长江上，第一次，为这样一种大自然的威

---

① 席慕蓉:《七里香》，作家出版社2010年版，第97页。

力所吸摄了。"① 这，也是我在张掖的感受。

张掖号称"丝路江南"，城中有近三万亩湿地，岸边绿树成荫、芦花阵阵。学者罗家伦曾于1943年6月到过张掖，写下了《五云楼远眺》：

绿荫丛外麦毵毵，竟见芦花水一湾。
不望祁连山顶雪，错将张掖认江南。②

尤其是诗的后两句，把张掖不是江南胜似江南的美景，描写得意趣盎然。罗家伦是浙江绍兴人，对江南美景应该是习以为常，初来乍到，在张掖城中看到波光粼粼、芦苇萧萧的水乡风光，一时触景生情，想起了遥远的南方家乡，对张掖有如此赞美，足见张掖景色确有江南之风韵。

听到平山湖的名字，心中自然浮现出高原的湖光山色，畅想着那白云悠悠，倒影摇曳，顾盼生姿，壮阔却又不失美丽的形象，生出不少期待。路上，车行在高高低低的山岭，虽不是太高，但映入眼中的是荒野戈壁，草长得稀稀疏疏，头顶上蓝天白云，不免心生狐疑，这里难道真的有个湖？

到达观景台，向下看去，一道峡谷裂缝几乎是从垂直于地面的角度向下伸出，在连绵起伏的山谷底部向远处蜿蜒而去，山峰状貌奇特，红白色、赭红色的砂石混成种种形象，扑面而来。看我奇怪的目光，导游干脆利落地说："到啦，从这里开始，都是平山湖。"

平山湖没有一滴水，砂石、山、峡谷就是它的水。

---

① 刘白羽：《刘白羽散文选》，人民文学出版社1978年版，第223页。
② 张全义、陶琦选注：《甘州古诗选注》，敦煌文艺出版社2020年版，第406页。

平山湖峡谷 1

中生代侏罗纪至新生代第三纪，亿万年沧海桑田，大自然神奇造化，地质运动沉积形成这里的红色岩系，风吹雨淋、流水冲刷，慢慢形成了山峰、沟壑以及峡谷。平山湖峡谷的山峰、砂石形状不规则，造型瑰奇，气魄宏大，摄人心魄，气象万千，浩瀚而又精微，夸张而又生动。

有的山似一卷卷堆叠起来的古书，厚重深沉，仿佛氤氲着高山流水的袅袅之音；有的山一列小峰纵向而立，尽头处似有两个宽袍大袖的人深情相拥，二人四臂交错，似深情对视，又似忘情相吻，仿佛人世间的爱情摆脱了时空的限制，成了永恒。更远处孤零零的一座山丘，状如西方的古堡，又似外星文明遗落在地球上的飞行器，孤独而倔强地环视着周遭。有的小丘像是头发绾起，席地而坐，正在给一众弟子授课传道的老人，一派仙风道骨。

平山湖峡谷 2

平山湖峡谷 3

平山湖峡谷 4

　　导游还介绍了将军石、九龙汇海、神龟问寿等几处景点，但我总觉得既像又不像，不如自己海阔天空地看着、想着那般更有趣。只要想象力足够丰富，就能体会到天地自然的创造伟力，只要眼光足够宽广，就能品味出平山湖的五彩斑斓。旷古无边，平山湖水染秋色；风雨如晦，天地画卷入梦尘。

时间所限，我并没有看完所有，也没能去体验一番步行穿越峡谷，留下念念不忘用来回想。

五

第三日，丹霞地貌。

丹霞，这个名字蕴含的诗情画意，就足以让人浮想联翩、无限向往。正如三国时期的曹丕曾有《芙蓉池作诗》云："丹霞夹明月，华星出云间。"①

很多的旅游介绍和"攻略"上，都说张掖丹霞地貌是国内唯一的丹霞地貌与彩色丘陵景观复合区，以色彩缤纷、观赏性强、面积广大而闻名于全世界，雄、险、奇、幽、美，引人入胜。而亲身登临丹霞其境，才真正地触摸、体验、饱尝到了它的全部美景。就如同总是听别人说某种美酒是人间至味，而从未去"会须一饮三百杯"；总是听说一部文学作品是如何伟大，而从未去从阅读欣赏中"于无声处听惊雷"。总是需要去品尝、品味、品鉴一番，才能体会"不负如来不负卿"的心思。

西北的秋天，洁净、湛蓝，五彩斑斓的山体矗立在大地上，恰到好处地散布着绵延向远方的山峰。紫红色、灰绿色、黄绿色、灰黑色等色彩以一种夸张的手法组合、呈现，极富韵律感、层次感。层峦叠嶂处，中午的阳光照耀下，山体好似被晒得柔软了一些，彩衣在身，像油画作品中的重彩渲染，又有国画中的气韵流动，造型逼真，色彩绚丽。是的，就是这么的天然、旷达、奔放，就是这么的美不胜收，鬼斧神

---

① 孙明君选注：《三曹诗选》，中华书局2005年版，第41页。

工亦不足以形容它。它冻结了时间，勾画、固定了空间，以一种震撼人心的形式，砍伐、开辟出想象的地平线。置身丹霞，美充满了眼睛、胸膛，没有心思听导游介绍各个景点的"故事"，甚至有一种忘记呼吸的感觉。

丹霞地貌最直接、最生动地诠释了天然之美、阳刚之美。它狂野不加雕饰，张扬与奔放兼具，蕴含着不可抗拒的力量。它是如此的"攒劲"，不由让人觉着任何溢美之词都不足以形容它全部的魅力。如果语言的尽头是音乐，这音乐是只有语气词的赞叹，还是一曲雄浑壮阔的交响？

身处丹霞之中，不由自主地让人感叹天地造化之神奇奥妙，绝非人的力量可以与之相较。我们总是说"时间的长河"，每个人出生后即进入这条长河，但时间却又远远地早于人。诗人海子在《历史》一诗中写道：

岁月呵，岁月
公元前我们太小
公元后我们又太老
没有人见到那一次真正美丽的微笑
但我还是举手敲门
带来的象形文字
撒落一地[①]

历史厚重绵长，自然雄伟浩瀚，诸般的敬意以及*丝丝缕缕的渺小感*

[①] 海子：《海子的诗》，人民文学出版社1995年版，第4—5页。

难免萦绕于我们这些世上的"新人"。相对于宇宙,人类很小;相对于文明史,"我"更小。

数亿年前,宇宙变幻,自然很"轻松""随意"地在这个星球上留下了丹霞地貌这样的"印迹",直到今天我们仍然能"触摸"这些"印迹",而人要想做到这一点,是何其难。

刘慈欣在《三体Ⅲ·死神永生》中结合人类所处的现实,想象了未来地球文明研究如何把信息在地质纪年长度的时间里保存:"学者们开始寻找那些在漫长的时间中保存下来的信息。史前古陶器上的图案,保存了一万年左右;欧洲岩洞里发现的壁画,大约有四万年的历史;人类的人猿祖先为制造工具在石头上砸出的刻痕,如果也算信息的话,最早在上新世中期出现,距今约二百五十万年。""一亿年前留下来的信息,当然不是人类留下的,是恐龙的脚印。""根据大量的理论研究和实验的结果,通过对大量方案的综合分析和比较,他们已经得出了把信息保存一亿年左右的方法,他们强调,这是目前已知的唯一可行的方法,它就是——""把字刻在石头上!"[①]可见,丹霞地貌这类自然景观对于人类的历史,是何等举足轻重。

用文字去介绍、说明丹霞这样的"印迹",总不如一张精美的图片、一段精彩的小视频那么地直接、那么地热闹,甚至有些太平淡了,但文字的好处恰恰在于有足够的"留白",让看到的人能悠然地去想象我们自己,去想象未来的世界。

---

① 刘慈欣:《三体Ⅲ·死神永生》,重庆出版社2010年版,第423—424页。

作者简介

　　王冠，男，中共党员，兰州大学哲学与社会学系社会学专业本科、国防大学军事硕士，现任中国艺术研究院办公室主任。长期从事军事管理、安全管理、风险管理、军事文化的研究和实践，在军队期刊发表多篇研讨文章。

在丽水

李正琼

在松阳品古村落

浙江松阳，相识于书中，相遇于深秋。

书中的松阳，是幽林、山谷、山芋、蘑菇、古村落、先锋书店，是浙南山区的封面、江南骨骼的底片。比起诸多江南水乡来，它有柴火味，一切都好像熏过一样，厚重、朴实。

我见到的松阳，四面环山，山清水秀，山洼中藏着一个个古村落。我到过其中两个古村落，一个叫陈家铺，一个叫杨家堂。前者在山顶上，坐车环绕盘山公路，绕啊绕，终于绕到。陈家铺坐落在山坡上，一大片土墙房子错落堆叠，黄白相间，背靠青山，左右两边都有山，符合中国传统民居的风水，左青龙右白虎，安稳。

先锋书店在陈家铺中心位置，一侧大落地窗完美地吸纳山上的阳光，坐在台阶上看书，青山就在一旁。这些青山，被老天爷斜切成一垛垛三棱锥蛋糕，红黄绿相间，芳草味怡人。周围很安静，空气冷馨，吸入肺腑十分舒服，适合发呆。

书店内书籍齐全，尤其是当代火爆的很多书籍，比如双雪涛、余华等作家的小说，别处买不到的，此处也可能会买到。文创作品也很多，

绿琴弦上的陈家铺

各类材质的书签、笔记本、笔、扇子、杯子、头饰等，都有。还有一本叫"江南秘境"的留言簿，我随手翻了一下，里面写满过往游客留下的只言片语，"少年便是偏旁，自己就是华章，一屋透光书屋，铺就青春梦想……""绿槐高柳咽新蝉，熏风初入弦"，颇有意趣。

　　书店附近的"飞鸟集"民宿，名声在外，导游说现在早已客满。民宿周围的小店，卖日用品、土特产等，底楼开店，二楼住宿。地势高、陡直，室内狭小、幽暗。小店周围空地上，大片大片红黄。这里的人喜欢晒秋，他们把果实采下来，洗干净晾晒在一块长方形的竹编垫子上。山芋条、柿子、竹笋，都有。竹编垫子上极薄的竹片纵横交错，均匀地露出孔，便于透气。山芋尤其多，随处可见。我们仔细观察晾晒的山芋条，一根根干燥透亮，像长条形的蜜蜡石。

陈家铺在高山上，清风吹在山谷中凉凉的。柿子红了，一个个穿起来悬挂着，好像一串串红灯笼，这些柿子不容易腐烂，能悬挂很久，它们红润结实、小巧玲珑，和在陈家铺居住的山民有几分相似。

从陈家铺往下走，圈圈绕绕一个半小时后，我们到达杨家堂。远看杨家堂村落，建筑物挨挨挤挤，一大堆，在山窝里，规模比陈家铺大，造型上更加饱满、错落有致，墙黄、屋顶陡，靠着青山土岩，完全是一首诗。有唐宋风、明清风、民国风，让人仿佛穿越到旧时代。夕阳映照过来，村落的上半身金灿灿，下半身在山影中，沉默不语。白天和黑夜分管村落，阴阳在此和平共处，古村落像铜镜，映照出松阳的前世今生。这里是浙南山区的秘境，藏着旧时代的秘密，关乎历史和地理，告诉你：松阳具有超过1800年的建县史，东汉建安四年（199），分章安县南乡置松阳县，属会稽郡。全境以中、低丘陵为主，四面环山，中部盆地称"松古平原"，山多地少，谓"八山一水一分田"。这里属亚热带季风气候，温暖湿润，四季分明。它的境内河流属于瓯江水系，主要有松阴溪和小港溪，分别自西北、西南蜿蜒流向东南。

临近杨家堂村口有一棵大银杏树，树干分成几根柱子，虬枝，碧叶茂盛，树皮枯裂。比我看到的常熟谢桥古银杏枝干更粗壮，根系更深广。导游介绍，松阳植被丰富，有国家重点保护野生植物22种，其中一级保护野生植物有4种，银杏就是其中一种。我们在松阳游走，银杏树时时映入眼帘。杨家堂村的银杏树，遮天蔽日，树下是路，三分陡峭，七分坎坷。走在上面，因为有大树绿伞一样罩着，不害怕，不觉得累。

在杨家堂古村落上上下下，于碎石路漫步，感觉回到童年。这些石头，各式各样。多山的松阳蕴含多种矿种，如铜、钼、铅、锌、金、银、铁、钨、稀土、高岭土、萤石。现在高岭土、萤石、铜、钼等已经开采利用，其中高岭土品质优良，储量丰富，年开采量约20万吨。小小松阳县，藏着宝啊！

兜兜转转，我们来到一个长方形亭子里，找一条长条的、破旧的木凳坐下，夕阳跟着我们进来，送我们半身暮光，我们安坐着，打量着青山、古村、老树，听着溪水潺潺和雀鸟归巢时的欢叫，有回家的感觉。村落里此时很安静，鲜有人出入。导游说，年轻人多数到城里工作或做生意，孩子们都到城里读书去了，只剩下老人留守在村中，照看着祖祖辈辈留下的老屋。松阳县有很多这样的古村落，她的家在另外一个古村落，风景都很好。现在这些村落都通公路了，农家乐打造得很好，外面越来越多的人到松阳来看古村落。古村落逐渐成为"网红"，幻变着松阳的脸。

松阳还有一张脸，那就是南宋著名女词人张玉娘。出生于松阳的张玉娘，清秀端庄，才思敏捷，家中藏书甚多，和李清照一样，饱读诗书典籍。擅写诗作词的她，和李清照、朱淑真、吴淑姬并称"宋代四大女词人"。在短暂的一生中，她用卓越的才华和坚韧的精神赢得了人们的敬仰。她有小女子愁绪，更有家国情怀。她的很多诗词，被后人收集在《兰雪集》里。《兰雪集》共两卷，留存诗词100余首，其中词有16首，是李清照《漱玉集》后第一词集。她的诗作《山之高》盛传于京师，深受人们喜爱。张玉娘离世后，她的《兰雪集》曾被深深地埋入尘烟。过了257年后，才被明嘉靖贡生王诏从汇集道家经典和诸子百家文集的《道藏》中发现，王诏作《张玉娘传》，使之得以现世。张玉娘是松阳的骄傲，也是浙江的骄傲、中国的骄傲。

今天的松阳人，挖掘出松阳古老的耕读文化、风水文化、商贾文化、客家文化、畲族文化、高腔文化、端午茶文化、宗教文化，保存了社戏、庙会戏、三十六戏行等，传承了龙灯、船灯、采茶灯等民俗活动。世世代代的松阳人，特别善于用松阳方言表演松阳高腔。现在松阳高腔已经成为浙江省唯一能演出的高腔剧种，有"戏曲活化石"之称。除了松阳高腔，松阳人还充分发扬端午茶文化，让更多的人走进松阳、了解松阳。端午茶是松阳民间特有的保健中草药饮品，味道独特，值得品尝。当然，松阳还有薄饼、清明果、麦豆饭、灰汁糕、灯盏盘等美食等着大家，如果你有机会到松阳游玩，千万别错过。

在龙泉观青瓷

在龙泉游玩时，一路都是青瓷店。我们一行人，被店铺里的青瓷深深吸引。一走进青瓷店，就走不出来。你等我，我等你，行进得很慢。

都怪龙泉青瓷魅力太大。

龙泉青瓷分哥窑和弟窑，不管何种产品，颜色都以青色居多。梅子青、粉青、天青，青出了格调来。这些青瓷，胎质坚硬灰白，釉层薄而透明，青翠欲滴，温润如玉。

梅子青接近黄绿色，和夏天的柳叶、青苹果、青桃、青杏、梅子颜色相似，看到它就牙齿微酸，想到春天，想到望梅止渴的故事，想到青涩的青春。粉青色接近蓝色，和天青色相似，沉稳、雅致，茶杯、茶壶、餐具等用此色，高雅别致。

另外，还有淡黄色、褐色等茶具，都各有特色。龙泉青瓷用清丽、明媚，惹来无数游客。这些青瓷，造型各式各样。扁的、圆的、高的、矮的，都有。

龙泉青瓷

餐具系列的碗、盘子，圆得中规中矩，图案多以鱼、花卉等为主，虽然有些厚重，但依然不影响主妇们的喜欢。试想，清一色的青瓷摆在大理石餐台上，多雅致、多有档次。盘子有圆形的、椭圆形的，大大小小都有，要不是太沉重，我们可能都要买。花瓶等装饰品，摆在货架上窈窕多姿，让我们看到中国人风雅的居家生活，牢牢吸引住我们的眼球，恨不得都搬回家。

在龙泉，我们到龙泉青瓷创意基地，参观了新龙泉青瓷博物馆。整个博物馆划分为 A、B、C 三个展区。建筑设计都融合了现代与古代元素，整体呈现出古朴和庄重的感觉。馆内展示了从远古时期到各个历史时期的政治、经济、文化等方面的文物。在馆内，我们看到很多价值连城的古代龙泉瓷，天意与手艺结合得天衣无缝。一些现代大师做的青瓷，构思精巧，入禅入理，引人深思。博物馆还设置了互动体验区域，使参观者能够更加深入地了解历史和文化。

听导游说，龙泉青瓷已经深深渗透到龙泉人的生活中。龙泉的孩子一进幼儿园，就能学习制作青瓷，当地的职业学校，已经把青瓷制作设置成一门专业课，开发了一系列青瓷课程。青瓷流入他们的血液，从民间到官方，都以青瓷为自豪。民间很多青瓷大师自己开工作室，形成自己独特的制瓷工艺。我们到几个工艺大师家走访，目睹了青瓷人家的生活，有围墙的院了里，种植着花和树，溪水从房前流过，大门上贴着对联，随意随性，屋内陈列着他们的作品。各式各样的茶具、花瓶，古雅精致，厨房旁总会有一个烤茶具的炉子，有的用电烤。餐桌上摆着剩下的鱼虾、酒、茶，足见他们的日子悠闲富足。

龙泉青瓷诱惑我们一路，我们心甘情愿，欢天喜地。这些婉约的、典雅的青瓷，是怎样烧制成的呢？带着这个问题，我们去参观了几处窑址。在一个大窑的中心腹地，我看到路面都是青色的，和天青色的天空呼应，真的是青瓷世界。在窑址旁边，有一堆堆青瓷碎片、瓷模、瓷底等。瓷片上有宋体的"福""禄""寿""喜""吉祥安庆"等字样，也有鱼翔浅底、蛟龙出水、凌波仙子、苍松翠柏、百花争艳等图案。

龙泉青瓷是一面历史的镜子，它的兴衰际遇衬托出历史风云的变幻、社会生活的繁复、人间的沧桑。龙泉从西晋开始烧制瓷器，到了宋代渐进到鼎盛时期，至清代式微，新中国成立之初，政府将所有的窑工组织起来，龙泉青瓷才得以恢复和发展，但是挖土仍靠人工，练泥仍靠水牛，烧制仍用木柴。改革开放后，青瓷获得新生，革故鼎新。现在的青瓷生产绝大部分已靠机械化、电气化流水线来完成了，人工操作只剩下作坯、制图案等很少的部分。由于电脑控制做模、抛光、上釉、烧制等关键性工艺，产出的青瓷造型古朴、雅致，质地坚硬均匀，图案飘逸传神，釉彩丰厚清亮，花色品种繁多，很畅销。

青瓷太迷人了，我们把龙泉风光都抛之于脑后。龙泉其实是一个好地方，山清水秀，宜居。它是丽水唯一县级市，交通便捷，素有"瓯婺八闽通衢""驿马要道，商旅咽喉"之称，历来就是浙江、福建、江西三省之间的重要商贸地。境内青山叠翠，城区碧水穿城而过，绿波清亮，水面平缓，绕着山。龙泉海拔较高，生态环境绝佳，空气质量长期位居浙江第一。龙泉人注意保护和利用生态环境，种食用菌，开发茶园、水果基地，让生态资源逐步转化为生态资本，铺开一幅乡村振兴画卷。

龙泉历史悠久。南宋著名诗人和文学家叶绍翁就出生于此地，大家都读过他的"春色满园关不住，一枝红杏出墙来"，这首诗现在收录在小学语文教材里，是经典中的经典。叶绍翁为什么能写出千古名句呢？可能跟龙泉如诗如画的风景有关。

叶绍翁曾在朝廷做过小官，并与真德秀关系紧密。他曾长期隐居在钱塘西湖之滨，并与葛天民互相酬唱。他著有《四朝闻见录》，杂叙宋高宗、孝宗、光宗、宁宗四朝逸事，颇有史料价值，被收入《四库全书总目》。诗集《靖逸小集》《靖逸小集补遗》，语言清新，意境高远，属江湖诗派风格。其中诗歌《题鄂王墓》怀念岳飞，在当时引起了广泛的关注和赞誉。他的诗歌作品感情深厚，技巧精湛，对后世的文学创作产生了深远的影响。

龙泉还是一个铸造宝剑的地方，这些宝剑，剑锋寒光四射，剑柄美观结实。我们到宝剑博物馆参观时，纷纷拿起一把把展示的剑。这里的大多数剑都很长，即使是短剑，也至少有30厘米长。每把宝剑都有一个古意十足的名字，装饰纹路都喜欢采用龙凤、花卉图案，精雕细作，分量很重。

宝剑是我们中国文化中重要的一种冷兵器。自先秦它就开始了自己的政治之旅。宝剑铭刻着中华民族灵魂深处的坚韧勇敢，张扬着千古文人的侠骨风流，倾诉着祖先开创历史的艰难与辉煌，龙泉人铸造宝剑，就是传承古人文武兼备、侠义担当的大智慧，抒写中华儿女正直中坚、忠于家国的大胸怀。青瓷和宝剑，如今已经成为龙泉两大特色，成为龙泉人的生活之一，也成为外地游客游览丽水的由头。

在景宁读畲族

浙江景宁，是全国唯一的畲族自治县，属丽水管辖，离丽水市不远。这里的水碧绿碧绿、安安静静，在山下为我们轻声唱歌，山色听候节令安排。秋天，红色、黄色融入绿色中，缤纷着、变幻着。微风吹来，看不出树叶拂动。我们入住的酒店，正对着一屏着彩妆的秀山，清溪斯斯文文流淌，畲族特色的房屋倚靠着青山，檐角巧笑，比燕子斜飞还要美。

比景观还美的，是畲族少女的服装，她们的凤凰装色彩鲜艳，让人过目不忘，凤冠银铃闪闪，珠玉盘绕。生活中她们的服饰也处处体现美感，黑底蓝花或白底红花，清新、简洁，毫不沉重烦琐。

畲族少女们高挑、苗条、肤白、手臂细长，大眼清澈，鼻梁挺直，樱唇如花蕾，动作灵活协调，言语轻快和悦，最关键的是她们的神态专注端庄，眼神纯净，看不到世故，更感觉不到城府。与"时髦女"相比，她们是山中纯洁的山茶花。"贞"字最适合形容她们，就像景宁畲族能独享"畲"字一样。妇女即使上了一定年龄，做了妈妈或者奶奶，体态发福，脸上布满"菊花"，眼睛依旧如清溪般明澈。

比少女美的是她们的歌声和舞蹈。畲族虽然人口很少，依然有自己独有的丰厚文化。一个"畲"字，形象地展示了畲族历史和生活的冰山一角。

景宁畲族耕田舞

畲分为三部分：人、示、田。"人"字是搭草寮的人字架；"示"字表示这个古老民族的人民；"田"字表示畲族是靠游耕为生存手段的民族。他们用草木搭寮安家，烧畲、垦畲、种畲。他们生活的地方，地处浙南、闽东等地的山腰带，山岭重叠，海拔高，风景优美，溪流环绕，丛林茂盛，气候温和湿润，多属亚热带湿润性季风气候，冬季寒冷，霜期短，雨量丰沛，土质肥沃。

畲族女同胞心灵手巧，善于纺织、刺绣、剪纸。她们在一个小型的机器上织彩带。这种机器式样简洁，一个木板凳的两条腿上，架着一个只有两条腿的凳子框架，线套在上面，人坐着拉动，用一根木片理顺线条，就可以直接织出彩带来。我看到她们用白线配少量蓝线，织出天空的蓝，很清雅、秀气。她们像汉族妇女一样，纳鞋底、做布鞋、打草鞋，表情恬静，与世无争。

畲族人好客、热情。远方的客人来，他们在大门举办迎接仪式，族长带领若干人站在门口吹奏乐器、载歌载舞。我仔细看，穿黑底红焰长袍的族长站在写有"畲寨东弄"的大门正中间，戴灰黑色头巾，拄着龙头杖，口念颂词，旁边穿红袍戴黑帽子的两个男子吹着牛头状乐器。接下来出场的是畲家阿妹，着凤凰装，头戴凤冠，她们的手势很特别，像电视节目《非常6+1》中一样，伸出大拇指和小指，右手在外，交叉手臂，两队向前走，紧随其后的是四个青年男子，后面四面旗帜上分别写着"盘""雷""钟""蓝"，代表畲族四大姓氏。姑娘们在台阶上跳手势舞，手势舞动作简单整齐，跳得认真专注。舞毕，沿着台阶往上走，族长把"圣水"洒在游客头上，到达最后一个台阶后，仪式结束。

我们跟着导游，沿着山上的台阶，一步一步往上走，累得腰膝酸疼，最后在一个亭子里围坐，喝大碗茶。碗很大，茶叶类似竹叶，口感清新独特。大碗茶，顾名思义，是用大碗，而不是用"小杯子"盛茶，这也代表了畲族人的不拘一格，热情豪放。大碗茶是畲乡最普遍的茶俗。第一道茶饮毕，主人请客人把各自的茶碗放好，主人再冲泡二道茶，二道茶冲好后，由客人自端取，但不能端错茶碗，若端错则"失礼"。若冲泡好二道茶后，有人不端不喝，也为"失礼"，主人就不高兴，认为瞧不起主人。二道茶喝毕，主人会泡上三道茶，喝与不喝可随意，畲乡有句关于茶俗的流行语"一道苦，二道补，三道洗洗肚"。在喝茶之前他们会唱歌，善歌的畲族人自有采山茶唱畲歌的传统，还有专门编写的"采茶歌"。我们都走累了，很爽快地喝完茶，和他们一起表演，现场气氛欢腾起来。

在欢笑声中，我们走出亭子，去参观畲族博物馆。我们一踏入馆内便为畲族人民的风情习俗所吸引，参观之后对畲族的民族特色有了更深层次的了解。畲族人民不仅有唱山歌、跳舞蹈、祭祀等风俗，还有"二月二""三月三""封龙节"等传统节日。其中，"畲乡三月三""畲族婚俗""畲族彩带编织技艺""畲族服饰""畲族银器制作技艺"等项目已被列入了国家级非物质文化遗产代表性项目名录。通过学习博物馆内的风俗视频和文字介绍，我们仿佛置身于畲族人民的生活之中，见到了他们在日常中辛劳勤恳、在节日里欢歌载舞的模样，被这个民族的独特风情深深打动。

在古堰画乡入禅

想不到丽水的瓯江上游，有一个古堰画乡，禅意十足，美得如梦似幻。

与西湖相比，古堰村多了几分神秘和缥缈。和桂林山水PK，它的山更浅缓，水更清纯，树林更幽深，古桥更怀旧，另有水乡的清丽脱俗。它宁静、丰饶，树木茂盛，随性而生，呼应蓝天，承接大地，仿佛隐者。人在其中行走，清风跟随，溪水流淌不打扰，野花盛开不张扬，青草独立生长，根根都精神气十足。所有的山石草木都像家人，亲切、温和、慈悲，仿佛属于自家院落。

清晨，舟行溪中，太阳温柔地洒在水面上，浅山一座连一座，白雾柔情似水缠绕。船前行时激起长长的丝带波纹，阳光在水面上流淌，被吸纳，被展示，天光水光融为一体，绽放出一朵罩着金圈的白莲花，疑是观音下凡来。船一转弯，金莲花不见了，蓝天白云，河水奔涌。一会儿，一座绿色的小山斜插进来，红黄色的丛林倒映水中，犹如来到九寨沟或者海南的澄迈红树林。古堰画乡，如同川剧一样，会变脸，如梦似幻，在中国众多美景中丝毫不逊色。可惜古代文艺大咖们没有到过丽水的古堰画乡。

或许那时丽水交通不便，好风景无人识。现在丽龙高速公路在此有出口，省道贯穿全境，通过金温铁路丽水站接轨全国铁路大动脉，距中

古堰画乡如梦似幻

  国最大的小商品城义乌只有100多公里。画家们最识货,在这里成立了"在水一方写生创作基地",形成了省内外著名的"丽水巴比松画派"。丽水人在此地建有巴比松油画馆、油画院、古堰画乡美术馆、缙云工艺美校古堰画乡分校。

  下船后,我们沿溪行,鸟儿飞舞欢叫,溪水跟着我们走,野花散落碎石间,花香弥漫在湿湿的空气中。我们在水雾中前进,遁入仙境,隐约辨出一座漫水桥,溪两侧树木荫荫,樟树参天,露出文昌阁的一角。文昌阁前有修于宋代的"三洞桥",一桥有三层三洞,两个桥墩,最下层走通济渠的水,中间一层石函走山上冲下来的洪水,上层走人,是世界上最早的水上立交桥。水雾迷蒙着桥和建筑物，樟树的绿挡不住阳光，调皮的阳光花朵一样出没在水中、树叶间、花草上，宛如到了世外桃源。

为什么叫"古堰"呢？听导游讲，这里具有深厚的历史文化底蕴，有建于公元505年的国家重点文物保护单位通济堰，还有画乡老街、双荫亭、古埠头、青瓷古窑址、古樟树群、古村落等。其中，通济堰建于南朝萧梁天监四年（505），距今1500多年，是浙江省最古老的大型水利工程，被国务院批准列入第五批全国重点文物保护单位名单，成功入选首批世界灌溉工程遗产。

在瓯江南岸，街两侧是两层木屋，木屋有单檐的，也有双檐的，上层居住，下层商铺。临江一侧的木屋，有溪石垒砌的地基，石墙立面砌得整齐，家家屋基相连。木屋筑在高高的石墙地基上，贴在江岸，显得轻松洒脱。人在窗边小酌，望江水云烟，甚是惬意。沿江有伸入江中大大小小的码头。这条古街建于清末，曾经是大港头镇最繁华的古商贸街。现在街上依然商铺林立、人来人往。青瓷、油画、木作……琳琅满目，我们去闲逛时，又被青瓷迷住了。街旁的龙爪菊和三角梅争抢着开放，我的眼睛在金黄色和玫瑰红中辗转，不肯移开。我留心到这条古街的风水，看到很多四字门额，如"三星拱门""光荣南极""玉叶流芳""景星庆瑞""佳气环居"等，感到浓浓的古风吹来，仿佛穿越了。

在古街的入口，我还看到双荫亭，此亭建于民国，因亭前两棵千年大樟树得名。据当地人说这是夫妻树，右为夫左为妻。亭内有十八根红漆亭柱，寓意十八罗汉，又名"罗汉亭"。樟树在古堰画乡随处可见，大大小小，立于桥头或村口，树叶大多异常茂盛，被枝干撑起后遮天蔽日，估计年岁不小。在景区游玩时，我们看到一棵，树干中空，能容数人，枯干茂叶，蔚为壮观，好像一座巨大的盆景。导游介绍说，这棵香樟树已经1500多年了，曾多次遭雷击火烧，几经死亡，后又奇迹般生还，可谓枯木逢春。人们都叫它"舍利树",我们走近瞧,树下果然有"舍利树"三个字,顿时庄严起来,不敢高声说笑。

作者简介

李正琼,笔名"紫丁香"等,江苏省作家协会会员,中国散文学会会员,常熟市黄公望文化研究会副研究员等,曾在全国各级报刊发表作品几百篇,出版文集6部,诗文曾多次获奖,入选多种选本。

从龟兹到库车

尧 阳

有些地方，总是很容易让人产生一种与当下现实无关的感受。这些地方，往往都有厚重的历史和丰富的人文遗存，虽然历史已远去了几千年，多少叱咤天地的英雄豪杰也已成土成灰，但眼前的黄土沙丘，甚至一草一木、一砖一石，都能给人辽阔的想象，传递出昔日历史的辉煌影像，让人想躲都躲不开。

库车，就是这样一个地方。此刻，我正站在团结新桥上，这里曾是古龟兹国的一个渡口。2000年前，它曾迎来丝绸之路上多少南来北往的商客大贾，又驮送走多少金银财宝？比起龟兹时代的古渡口，团结新桥显然有点儿冷清，道路两边有不少的小商贩，似乎是在提醒我，这里曾有过繁盛的商业文明。有意思的是，这座桥一头连接着库车老城，一头连接着库车新城，一老一新，犹如古时的龟兹和现在的库车，真是对比分明，一桥两地，让人不由得思绪翩翩，诗意悠悠。

我知道，龟兹是何其广大的一个地域，而眼前的库车仅仅是其中的三分之一，或者五分之一吧。但是，当追溯古老的"龟兹"二字时，中国边疆强悍的大漠铁骑历史，不知何故，到了库车这个地方，竟然变得柔情似水，显现出一种与其他西域国家不同的妩媚风情，仿佛一个天不怕地不怕的硬汉，到了这里，马上换了性别似的，不仅没有了男儿的血性豪情，而且多了份旖旎和婀娜。

库车新城的建设和规划，比我想象的还要漂亮。但我无心留恋这座城市的美丽，相反，更渴望能早一点看到那风靡一时的龟兹老城，以及精美的石窟壁画。如果库车人要追寻自己祖先的话，龟兹国也许就是他们生命的源头之处。龟兹在历史上曾经声名显赫，也算是西域一个疆界不算小的国家，却经常要遭受匈奴的侵扰。可是，龟兹却和周边那些看大国脸色行事的小国不同，它不仅在外交事务上采取灵活多变的政策，而且以自己多彩灿烂的文化，影响并征服了比自己强盛百倍的大国。无疑，这也是以后众多史学家、探险家们热衷于追寻探究龟兹国的缘由之一，他们不仅是寻找龟兹文明，还想从这里寻找到人类整个文明交汇的全貌。似乎也只有龟兹，才配有这样的资格。可以想见，当世界上那些不同文明穿越万水千山相聚在这里时，那是何等欢畅的一件事。既然相聚，就要碰撞，碰撞了，便会发生这样那样的反应，代表不同地域文明的文化便在龟兹这片荒凉的地域里生根开花。这里成了 2000 年前最叫世人向往的地方之一。平等、和谐、发展，当今世界最主流的价值观，在 2000 年前的龟兹完美呈现着。不同文明经过融合后，便在这片土地上热烈地开放出艳丽的花朵。于是，一座座风化的石窟和洞窟壁画，以及埋葬于沙海的钱币、石器、骨器、陶片、铜器和汉五铢钱，都在向人们讲述着一个繁华的龟兹，一个魅力无比的龟兹。

昨日的喧哗，今天的宁静，历史轮回就是这样，漫漫黄沙掩埋了一切，也在向人们昭示着一切。如今的库车也许没有龟兹那样有名，但库车却有丰富的石油和天然气资源，足以让任何一个现代人联想到库车的过去——龟兹国以那么大的魅力，影响并且改变了世界文明的走向，身下竟埋了这么多的宝藏与财富，真是一块天然的福地啊。

出库车，往西北走 20 多里路，便是那座著名的古烽燧。看到它突兀地矗立在荒滩上，很容易让人想起唐朝陈子昂著名的诗句"前不见古人，后不见来者。念天地之悠悠，独怆然而涕下"。陈子昂面对的是整个人类的孤独感，而这座古烽燧，却让我想到天地之间，其实人的生命最微不足道，面对这座古烽燧，似乎连眼前的天地也变得低矮很多。我感到了自己的渺小。时间在这里停滞，只有苍凉和风，与烽燧永恒相对。烽燧四周，是西北大地典型的荒漠景象。是谁带走了这座古烽燧花朵一般的青春年华，留给后人这么一幅苍老图像？我感到自己无法穿透这广漠的荒凉，以及时间织就的网幔，眼前却依稀上演着边塞云烟，马蹄声疾，旌旗猎猎，血漫沙场的画面。不倒的烽燧，见证了无数英雄的丰功伟绩和丝路风雨，也是中华儿女和谐生活的标本。

烽燧全名叫克孜尔尕哈烽燧，"克孜尔尕哈"是维吾尔族语言，汉语的意思就是"红色哨卡"。当年西汉政府大破匈奴后，便在乌垒设置了西域都护府，克孜尔尕哈烽燧就是在那个时期建成的。作为军事意义上的预警设施，"烽燧"身边自然会集了许多汉朝军队。每当战事来临，或者发现有敌人来袭，烽燧马上会燃起滚滚狼烟，然后一直传下去。一座烽燧承载的是保护国家安宁与领土完整的使命。可以说，它的存在是和国家荣辱、民族命运紧紧联系在一起的。遥想当年，边关狼烟在这里一次次升起，英雄血泪在此抛洒，暗淡了多少刀光剑影，迎来了多少腥风血雨，滚滚铁骑踏破大漠风沙。当然，它同时也见证了19世纪中叶的残酷战争，库车人民饱受侵略者的蹂躏，为了不让侵略者的阴谋得逞，库车人民忍辱负重，以民族大义为重，誓死保卫自己的家园，协助清政府最终把侵略者阿古柏赶了出去。

如果细说历史，烽燧目睹过的战争场面，肯定比我们想象的还要多，尤其是西域诸多国家，除了古楼兰、龟兹几个稍微大一点的国家外，几乎都无法掌控自己本民族的命运，于是他们只好寄人篱下，过着忍辱负重的日子。当河流一样的鲜血染红土地，死亡游戏一次次重复上演时，人们都快成惊弓之鸟了，疲乏的人们只好听天由命。但烽燧却目睹了这一切，然后看着一代名将和英雄老去，只任荒野冷风吹向自己。时光改变了旧时容颜，却无法改变烽燧坚强的内心，它以沉默对抗时间的侵袭，凭借大漠长风，诉说内心的孤独和悲伤。

告别烽燧，赶紧再访苏巴什佛寺遗址。虽然面前的残垣断壁无法让人想象昔日旺盛的香火，但库车河，却像一把白亮的刀子，把寺庙一分为二，因此就有东寺西寺之说。库车河，传说就是古典文学名著《西游记》里记述的那条河，喝了河里的水，便会怀孕生娃，这对今天那些想生男却生了女，想要千金却生了公子的人来说，绝对有诱惑力。我知道，传说毕竟是传说，但为什么这样神奇的传说会发生在库车，而不是别的地方？我想，这就是库车的魅力。

传说和神话不同，传说，是沾惹着尘世烟火的，而神话，则显得虚无缥缈，不着边际。如果在两者间取舍，我肯定会选择传说，而不是神话。大唐著名高僧玄奘在西去印度取经时，曾路过龟兹，《大唐西域记》里作了详细的记述："荒城北四十余里，接山阿隔一河水，有二伽蓝，同名昭怙釐，而东西随称。佛像庄饰，殆越人工。僧徒清肃，诚为勤励。"

艰困孤寂的取经路上，能遇到这样的好地方，玄奘自然不会放过。据说他在此停留了两个多月，天天访经问佛，贪婪地享受着龟兹国浩大的佛事活动，很是尽兴，当然，也大开眼界，想不到龟兹竟然深藏着这么多的佛教高僧。这位大唐来的和尚为苏巴什佛寺的建筑和佛事发出好几次的惊叹。我知道，面前的沙砾土墙中很难再有梵音高唱，但它却保留了佛教在龟兹最辉煌的一段记忆。佛教在东传的道路上坎坷难行，甚至还有几次"灭顶之灾"，但龟兹时代的佛教，应说是受到全民热烈欢迎的。不然，哪能有这么宏伟的建筑。一处处残缺不堪的寺庙洞窟遗址，已经成为不起眼的沙石土堆，但在那坍塌的地方，仍能让人想到寺庙的墙基或者屋宇的一角，以及当年佛事的兴盛。自然，就不能不提及龟兹土生土长的佛学大师——鸠摩罗什。

这是一个在库车，甚至在世界佛教史上都无法绕过去的名字。就是因为他，遥远的印度佛教才在龟兹扎下了深根，然后慢慢传遍了中原。也因为他，才有了今天那些堪称艺术瑰宝的龟兹石窟寺庙和壁画。距离库车40公里的克孜尔石窟，是中国最早的佛教艺术石窟，这里的石窟壁画和飞天绘画，开创了中国佛教艺术绘画的先河。比起敦煌飞天，这里的飞天，更具人类鸿蒙时期的状态，且有男女性别之分。等浩漫时光过了若干年后，人们才在敦煌开凿起石窟，并赋予飞天壁画升腾云天的飘逸和潇洒。

佛教兴，国力盛。龟兹佛教就像一块巨大的磁铁，吸引得四方八国的人们趋之若鹜，然后在龟兹城的大街小巷如醉如痴。家家户户门洞开，日日夜夜畅开怀。大街小巷弥漫着葡萄酒的香味，操持着各种方言语种的商人大贾，以及王公贵族，齐聚在龟兹，陶醉在胡旋舞的声乐之中，一边开心地贸易往来，一边欣赏着急速飞旋的乐舞，既积累了物质财富，也使身心得到最大的娱乐。这样的好事美事也只能发生在龟兹。当然，这样的喧闹欢歌，始终无法改变一个人的清凉心境，他就是鸠摩罗什。至于他是经过怎样的努力，才让来自印度河流域的佛教之光，在龟兹土地发光发热，然后如星火燎原之势，燃遍西域各国，史书上并未详细记载。在克孜尔千佛洞前，有一尊后人为他制作的塑像，有趣的是，他是坐着的，低首垂眉，好像在想着什么事情，比起西安大慈恩寺前那尊玄奘的雕像，鸠摩罗什有一点忧郁和哀愁。

繁盛的商业贸易，很快使龟兹成为西域的经济中心。但佛教的静观入世，又是如何俘获世俗人心，成为龟兹人都能接受的人生教义的？对我来说，可能是一个永远无解的谜。但不可否认的是，正是鸠摩罗什，才让龟兹成为一处人人向往的佛国胜地。

佛教初来龟兹，要让每个人都能接受这样的新鲜事物，布道施行者肯定要付出很大的耐心。鸠摩罗什面对巨大的群体，要付出多少难以想象的心力面对人们的诘问？他是怎样一步步克服这些困难的？龟兹人有一种容纳百川的开阔胸怀，有一种放眼世界的超前眼光，可能正是这些因素，才给了来自异邦的佛教以坚实的存活条件。于是，以龟兹为传播中心的佛教，就在西域站稳了脚跟，然后如甘泉圣水一般，慢慢向邻近各城邦国渗透。关于鸠摩罗什的记载少得可怜，只好问当地朋友，朋友说，鸠摩罗什的先祖并非龟兹人，他的父亲来到龟兹后，龟兹国王就把自己的妹妹许配给了他。可以说，鸠摩罗什的童年是快乐的，他是一个吃穿不用发愁的公子哥，但他却在母亲的影响下，深深地迷恋上了佛学。优裕的生活环境，并未养成他好吃懒散的毛病，相反他从小跟着母亲，青灯夜烛，沉浸在佛学的世界里。他在 7 岁时，就和母亲四方游走访经问佛，此后，鸠摩罗什对佛学的兴趣渐增，眼界亦越来越开阔，不仅精通声韵、历算、医药、星象、律历等学问，而且特别精于文辞和讲说。当他成为一个堂堂男子汉时，据说和自己的老师进行过一场佛学大辩论，而这场辩论则直接影响龟兹在西域的宗教地位。在佛教史上耗时一个月的辩论中，面对自己的老师，鸠摩罗什是以一种怎样的心态来面对的，已经不得而知，但他却成为这场辩论的胜利者，并被龟兹王尊为国师。每逢大型法事，西域各国前来聆听佛法的国王都要跪在地上，让鸠摩罗什踩着他们的膝盖登上法座。于是，鸠摩罗什的名气渐渐从西域向东传播，佛教之风也随着丝绸之路，向中原，向更远的地方吹拂。而中国第一座佛教艺术石窟，理所当然就在龟兹诞生了。

烦琐的生活一旦有了信仰，再枯燥乏味的日子也会变得行云流水、明朗快乐，但这似乎还少了点什么，于是，龟兹人又创造出了自己的歌舞。他们且歌且舞，手摇脚晃，舞到兴奋处，全身扭动如蛇。从现存的石窟壁画上面看龟兹人的歌舞，似乎还能从现今库车人的日常生活中寻得一丝影子。虽然我对佛教壁画知之甚少，但是壁画里的龟兹乐舞形态，让我想起了在库车一个农户家里，看他们跳过的舞蹈，和壁画里的舞蹈似有几分相像。2000多年过去了，旧日悠扬乐声已沉没在大漠戈壁，但龟兹乐舞的神韵、欢悦跳舞时的热烈和奔放，仍在库车人的生活中体现着、发扬着，好像他们每个人都是天赋异禀的歌唱家和舞蹈家，而他们演唱时的表情、弹拨乐器时的忘我情态、起身跳跃的身姿，都极具异域风情。可以想象，2000年前的龟兹人是用怎样一番心力，将其他地方的歌舞汇集成自己民族的本土音乐的。这不仅需要智慧，更需要一种胸怀，然后才使自己本民族的音乐，具有更强大的包容性和生命力。

龟兹乐舞其实比我们在石窟壁画里看到的还要丰富多彩。因为一个叫苏祗婆的龟兹人，已经为龟兹音乐的发展和流传定下了路线图，并且他创立的音乐理论，今天依然占据着中国音乐史显赫的位置。他不仅是古代十大音乐家之一，而且是为我国古代音乐发展起到过承上启下作用的著名音乐人。可是，他给我们留下来的资料残缺不全，甚至他的父亲母亲是谁我们都不知道，他的家庭出身、成员等情况更是知之不详，但他创立的"五旦七调"乐律理论，为推动中国音乐的发展起了重大的作用，而且对宋词、元曲和戏剧的发展，都产生过深远的影响。有这样一位音乐大师，龟兹人的音乐文化自然丰富精彩，同时，龟兹人的生活，是何等的精致与快乐。喝着葡萄美酒，跳着快乐乐舞，龟兹人用自己特有的豪放和热情，创造出了世界级水平的龟兹乐舞，并且很快风靡一时。

岁月轮回，世事变迁，龟兹古乐就像它的国家那样，慢慢消逝在茫茫西域，但乐舞深深影响了中国以后的宫廷乐舞，为中国民族音乐写上了极具光彩的一笔。

我在想，如果龟兹没有这些流传下来的音乐和舞蹈，它会不会也像其他西域国家一样无任何遗迹，永远沉睡于黄沙土丘之下？这种可能是有的，但历史往往也有另一种可能，那就是对有过贡献的人和事，历史自会为他留下一席之地。于是在中国最早的石窟壁画当中，我们看到了龟兹乐舞最初的动作形态，其中的龟兹人创造的乐器，堪称一绝，而那被画匠画在壁画中的乐器，配以色彩斑斓的人物生动的表情，更彰显出了龟兹文明和音乐的不同凡响。它让我们知道龟兹人过去的音乐生活是何等的美妙，为我们一睹龟兹乐舞提供了直观的可靠资料，也为今天的库车，增添了深厚独特的人文资源。

从现存资料和发掘出的文物看，龟兹人的确能歌善舞。虽然龟兹国存在的时间很短，但是，旋转舞技，却长久地影响了中国历史和民族文化，为完善中华舞蹈艺术做出了很大的贡献。库车近几年在保护龟兹文化遗存上下了很大功夫，还组建了歌舞团，排演了一出影响很大的歌舞《龟兹恋歌》，让我们看到了 2000 年前龟兹人是怎样生活和跳舞的，看完舞蹈后，同时也有许多疑问浮上心头，龟兹是怎样产生出鸠摩罗什、苏祇婆这些大师的？这是怎样的一个国度？如果没有开放自由的文化沃土，是很难产生出艺术大师的。称雄于西域的龟兹文化又是怎样慢慢分散消失了的？虽然，鸠摩罗什、苏祇婆的命运极其相似，最后都被"引进"到了他乡，再也没有踏上过故乡龟兹的热土，但他们的人生，却给已经消逝的龟兹，画上了一个特别醒目的符号。这两个人，就像龟兹土地上升腾起来的双子星，至今仍在历史的天空，闪烁着耀眼的光芒，光照着库车这片土地。

和西域其他国家相比较，龟兹在历史典籍里自始至终都名气响亮。历朝历代各种史册里，多有龟兹的身影："龟兹国，都白山之南百七十里，汉时旧国也。其王姓白……""龟兹国，西去洛阳八千二百八十里，俗有城郭，其城三重，中有佛塔庙千所。人以田种畜牧为业，男女皆剪发垂项。王宫壮丽，焕若神居。"

看了这些记载，不得不承认历史上的龟兹佛教兴盛，城邦繁荣。和当时西域其他三十几个国家不同的是，龟兹早就有了自己的专属语言，他们还会使用印度文字。可以想见，龟兹祖先并不是西域本土居民，在某一月的某一天，他们决定离开故土，向着更丰饶的地域进发。意志决绝，步伐稳健，也许刚开始时会有一点离别的悲伤，但随着迁徙的深入，他们走得更加从容，漫漫长路和风沙让他们口干舌燥，但寻找梦中家园的步伐，一刻也没有停歇动摇。

可能是天山脚下富饶美丽的伊犁河谷，让龟兹祖先停下了行进的脚步，也可能是面前壮观的雪山，给了漂泊者极大的惊喜。当安营扎寨后的第一缕炊烟升上天山雪谷时，它给那些常在此出没的野生动物带来一种别样的震动。而龟兹祖先则勤勉早起，开始修筑起自己的家园梦。

龟兹人顺应天时地利，开始了自己的新生活。天山雪谷，造就了茂盛的草地，龟兹人便以畜牧耕地为主。寒冷冬天到来，他们手足时常冻僵，龟兹人便以歌舞来热身，以碗筷为乐鼓，以口号为节奏，龟兹人热情的天性和舞蹈很快为他们赢得了周边更多人的好感。于是，日常生活间隙，辽阔大漠和草原上，都能听到龟兹人的鼓乐和歌唱。龟兹人的能歌善舞便开始闻名当地，甚至汉武帝都对这里充满了好奇。恰好当时，一条著名的欧亚通道穿城而过，龟兹人便用自己的日常用品交换到了中原人的丝绸、瓷器。而且，随着商业的兴盛，龟兹渐渐成了丝绸之路的一个中心、重镇。随着商业贸易的深入，龟兹的经济和文化渐渐兴旺起来。据说，当时龟兹人生活十分奢华，他们的 GDP 是高于其他周围国家的。经济的强大，才会有文化的繁荣，而文化的繁荣又给龟兹的经济发展创造了良好的文化生态环境。而龟兹乐舞，正是龟兹经济繁荣的一个标志，也是龟兹文化大发展大繁荣的见证。

从隋朝开始，到唐以后的历朝历代，都把龟兹乐舞作为文化基础工程加以借鉴推广。想不到的是，这股胡风胡乐来得太过迅猛，立刻让中原人"迷乱不已"，隋朝皇帝杨坚不得不专门发文禁止，但这根本无法阻止人们对龟兹乐舞的热爱。到了唐朝，龟兹乐舞更是风行一时，当时一个叫杜佑的人对这股外来流行风抱着十分审慎的态度，并发出"胡声足败华俗"的警告，然后上书皇帝，请求加以制止，可这也无济于事。有史记载，从初唐到盛唐的宫廷乐舞，一直就是借鉴龟兹乐和其他西域音乐的，其中尤以《坐部伎》《立部伎》最为明显。宫廷乐舞本是为皇帝歌功颂德的工具，但这些音乐舞蹈元素里却有十分明显的龟兹乐舞风格，自然让皇帝看了十分惊喜。当然，龟兹乐舞的流行，也加深了人们对龟兹及西域各国的认识。

世界有疆，音乐无界。龟兹乐舞就这样使龟兹的声名远播到整个中原，甚至更远的国土。虽然龟兹很快就消逝在了大漠深处，但它的乐舞，却让龟兹永载于后世史册，获得了另一种意义的永生。至今，龟兹人发明的乐器，仍在朝鲜和日本等国被使用着。我们不难看出龟兹人的影响力何其广大，它的乐舞魅力何其恒久。

"吐鲁番的葡萄，哈密的瓜，库车的姑娘一枝花。"这是一句流传很广的顺口溜。没来库车时，朋友对我说，多拍点库车姑娘的照片。来了库车，我便一直流连于那些古代石窟和壁画，甚至连巴扎也没有赶过，可库车的大馕吃了好几个，口感特别好。不同的馕，口味也不同，我知道，这种类似烧饼的大馕，少说也有上千年的历史了吧。

　　来库车的人，都想看看库车姑娘的美。我也很想从现在的库车姑娘身上，寻找到龟兹女郎的影子。史籍中，是这样记述龟兹人跳舞情景的：弹指，撼头，弄目，跳足。可以想见，龟兹舞蹈的活泼及灵动。尤其是龟兹女郎，跳起来，那是何等的百媚千娇，衣袂飘摆，纤细腰身扭转出火辣的激情，宽口长袖，快速旋转，踩踏出少女多少的梦想。她们根本没有想到，中原最强盛的帝国，正在模仿着她们的着装、头饰和歌舞，并且激起了强烈的震荡，一股龟兹时尚风正以迅雷不及掩耳之势，席卷俘获了长安城男男女女老老少少的心。

　　大唐著名的诗人李白和白居易，也都迷醉过龟兹乐舞，并且为龟兹乐舞奉献上了自己满意的诗作。李白这样写道："琴奏龙门之绿桐，玉壶美酒清若空。催弦拂柱与君饮，看朱成碧颜始红。胡姬貌如花，当垆笑春风。笑春风，舞罗衣，君今不醉欲安归？"这首诗的名字叫《前有樽酒行二首》。李白号称诗仙，一生也喜游历，当西域出现这样的仙乐和歌舞，他应该感到高兴。对他来说，龟兹乐舞，不仅可以开怀欢乐，同时，也让他品尝到了一丝淡淡的乡愁。虽然西域对他来说，更是精神层面上的原乡，但这来自西域龟兹的歌舞，却给了他很大的心灵震撼。他诗里所指的胡姬，极有可能就是美丽的龟兹女郎。

　　比起诗仙李白，白居易写的诗似乎更适合老百姓传诵吟唱，他是这样描写龟兹乐舞的："胡旋女，胡旋女，心应弦，手应鼓。弦鼓一声双袖举，回雪飘飖转蓬舞。左旋右转不知疲，千匝万周无已时。人间物类无可比，奔车轮缓旋风迟。"诗的气魄很大，名字也起得直白，就叫《胡旋女》，直接点明题意，这就是白居易的行文风格。

　　若要和李白相比较，白居易的诗作可能更准确细致一些。他不仅把胡旋女的动作写得出神入化，而且对龟兹乐舞的特性做了说明。好的诗，应该人人都能看懂，其中"弦鼓一声双袖举，回雪飘飖转蓬舞"的句子，更是妙句，龟兹女郎跳舞的情态早已跃然纸上。

可以说，那时的库车，在唐朝人的眼中一定是魅力四射的，龟兹乐舞，竟有着神奇的魔力，使当时世界第一大国唐朝出现了"胡音胡骑与胡妆，五十年来竞纷泊"的龟兹现象，实在值得我们后人好好玩味。因为，这就是文化的魅力、文化的力量。比起军事力量，文化的影响力更久长，更能深入人心。

但是，文化上刻意的效仿，也会产生不好的陋习，那就是对本土文化的遗忘和丧失。和白居易同时代的元稹，就因为龟兹胡风胡舞的泛滥，感到一种文化的担心和忧虑，并写了一首诗，表达了自己对当下国人热衷于胡旋舞的看法，他写道："天宝欲末胡欲乱，胡人献女能胡旋。旋得明王不觉迷，妖胡奄到长生殿。"白居易和元稹是好朋友，两人常在一起喝酒聊天，见老元写了这样一首诗，白居易马上也和诗一首，他写道："禄山胡旋迷君眼，兵过黄河疑未反。贵妃胡旋惑君心，死弃马嵬念更深。"且不说两个人对龟兹乐舞流行过甚有着怎样的疑虑，单是这种偏激的见识，就有点好笑。众所周知，"安史之乱"是唐王朝历史上一次很大的内乱，也是不可一世的唐帝国由盛而衰的标志性事件，里面包含了各种复杂和尖锐的社会矛盾。如果仅仅因为唐玄宗迷恋龟兹的胡旋舞而怪罪胡旋舞，这就不应该了。不喜欢吃羊肉的人，总不能也见不得羊儿在地上跑吧。但发起"安史之乱"的安禄山，确实是一个跳胡旋舞的高手。不然，他哪能博得美人杨贵妃的欢心呢。

黄沙漫漫，戈壁茫茫。再浪漫的抒情也不能挽回远去的龟兹，龟兹时代已经远去，代之而起的是新的库车，一个生机勃勃的南疆新城，正在龟兹这片古老的土地上，如古老的龟兹乐舞那样，吸引着世界的目光。而我对库车的迷恋，似乎才刚刚开始。因为，这里不仅是唐诗宋词的边塞，也是诗仙李白魂牵梦萦的故乡,更是许多人,曾经不屑一顾的边陲荒僻之地。今天,它却是人们竞相追逐的旅游胜地。

作者简介

尧阳,山西省阳曲县人。在《山西文学》《山东文学》《人民文学》《中国铁路文艺》《西南军事文学》《荷花淀》《南方文学》《延河》等刊物上发表过作品。中、短篇小说曾获梁斌文学奖、浩然文学奖。

古韵崇仁

邓漠涛

崇仁乡（今崇仁镇）紧邻南平市光泽县县城，距离不过十几里路程，但在光泽县境内，它的乡域面积最小，又不算富裕，它不起眼地存在着，甚至常常被人忽略，这实在是有点委屈它了。

这里有闽北山区少有的小平原地势，一条北溪穿境而过，溪中盛产鹅卵石，溪水清澈见底。境内多小丘陵，紧挨着崇仁的却是一座峻峭雄伟的乌君山脉，这应该是最适合人类居住的福地。

以它一马平川的气势，这里应该是建县立市的首选之地。据传，在北宋太平兴国四年（979）光泽建县时，杭川与崇仁争相建议把县城设在自己的地盘上。为此，双方想尽办法，使尽手段，但仍难分伯仲。县官无法定夺，最后决定采取"称土定县城"的办法，由两地各取等量的泥土，称其重者立县。结果，杭川人因在泥土中掺盐而取胜。其实，杭川因有两条大河（西溪与北溪）交汇，地理位置优于崇仁，但崇仁的气势绝对不输于杭川。崇仁失去建县的荣耀，千百年来只屈居县城边隅。

我想，为之叫屈的不只我一个，还有商周时期的先民们。

商周时期，光泽氏族部落得到较快发展，目前，从县境内已发现的100余处遗址中，获得完整的石器、印纹陶器近千件，至于残缺的器物和大量的陶瓦片更是不计其数。而在崇仁乡共青村马岭一带，就先后发现 30 余座占地面积约 6 万平方米的青铜时代的墓葬。

崇仁马岭遗址是福建闽北山区极为普通的山坡丘陵地，早在 20 世纪 20 年代，就有人在这里挖到土碗、陶器。此后，这里陆续出土了诸多文物。这里的古墓葬有 10 处之多，其中一处据考证为福建迄今为止发现的最大的商周古墓。出土的陶器和陶片，是以红、黄泥质陶和灰、黑硬陶为主，品种多，分布广。其中有两座商周墓葬为福建已发现的最大的商周墓葬，墓葬规模宏大（墓坑长 7.9 米，宽 5 米，深 2 米）；结构独特，墓坑前有墓道，底部有木桩洞；发掘的随葬品众多，出土的文物主要有石制的矛、戈、箭镞、锛、枕，陶制的网坠、纺轮、豆、罐、樽、甑、鼎、瓿、杯、壶、钵、碗、原始瓷尊和罍形器等，其中一、二、三级文物居多，有 80 余件。据专家推测，墓主身份为氏族部落的酋长或奴隶主。考古专家根据不同的器物，拍印纹饰主要有棱形纹饰加条纹饰等，以此判定商周时期的不同时段，也彰显地域范围和特色，更有着断代文化的指标意义。[①]

以崇仁池湖马岭为重点的多处商周文化遗址，让光泽成为"福建商周遗址大县"。出土的商周陶器先后有 10 件被国家博物馆收藏，有 400 多件被福建博物院收藏，其余的收藏在光泽县博物馆。

站在遗址前，目睹着这些坑道残垣，那四处散落的陶土碎瓦，分明是在向我诉说着远古的岁月风情。这是古越人早期生活的地方，感谢他们以墓葬的方式记载下商周时期的生活，留下原始的轨迹，让我仿佛看到他们在这里筚路蓝缕，筑巢为室，刀耕火种，开荒捕鱼，开始闽越人早期的文明生活。这些墓葬地山势平常，看上去并没有什么特别之处，墓葬隐藏得简朴又隐藏得极深，得以一次次地躲过盗墓贼盗挖

---

① 参见王建成《池湖马岭遗址观千古》，《人民日报》（海外版）2018 年 7 月 30 日。

损毁。

如果不是这些墓葬，谁能相信在这片自古被视为"蛮荒之地"的闽北山区，竟然曾生活着一群鲜活的古人，而且他们的文明程度并不比中原一带落后。特别是从池湖遗址出土的大量文物，商周时期的石器、陶器等，与台湾的考古发现以及近代高山族传统文化特征一致，体现了闽台两地源远流长的亲缘关系，更是把福建省人类文明史向前推进了1000年。这很不简单，是这片土地上的古越先人们留给光泽的荣耀。

我久久不愿离开遗址，幻想与商周的先人们来一次深谈，想知道他们来自何处，又去了哪儿。沉默的土地似乎并不愿意搭理，岁月的风携带着尘土吹在脸上，像是又要刻下一道皱纹。生命轮回，岁月流逝，谁在大地上留下什么？谁又在时空中承接了什么？我敬畏这片土地，敬仰这片土地上的古越先人。但弄不明白，为什么这片古老的大地最终还是被人们遗弃，他们及后人终究没有将这里发展成为一个集政治经济文化为一体的中心城镇？没有文字传记，考古也没有给出答案，留给我的只有苦苦冥想和深深遗憾。

带着不甘和遗憾，我返回离池湖马岭不远的崇仁古街。我想要在这条古街上找回一些可以慰藉心中缺憾的东西。

崇仁古街位于光泽县城北部，距县城7公里。据《光泽县志》等史料记载，古街始建于北宋元祐年间，形成整街是在明朝嘉靖时期。宋朝时称这里为"崇仁里"，明清时期称为"崇仁市"，距今已经有千年历史。古街的主路用石板及鹅卵石铺设，街两旁是明清时期风貌建筑群。古街南北走向，以南为街头，北为街尾。在古街北面有张公庙，庙后有一段约500米长的城墙遗址，据当地村民介绍，当时为防外族、匪患侵扰，又为防风减灾而在古街四周筑有椭圆形城墙，长约万米、基宽4米，墙高3米、厚2米，城墙共开有东西南北四个大门。可惜现城墙仅剩一小段，

崇仁古街一角

但仍可窥见当年城墙的雄姿。

我每到一处看到这些被人为破坏的古建筑遗址，总不免心生感慨。仿佛听到先人们在低声哭泣、轻声控诉，而这些声音又那么苍白无力，但它们仍倔强地以残缺不全的姿势展现当年的风采，告诉我们，不管你愿不愿意，这就是无法更改的历史。

崇仁古街号称"五里长街"。古街不算大，但与其他村落不同的是，小小的崇仁古街，居住了六种不同姓氏的村民，他们在这里和睦相处、和谐共生，民风淳朴，无论家族大小，世代从未发生以强欺弱、男盗女

崇仁古街古巷子

娼的事件。这也是自古以来，光泽人身上所秉承的包容、友善、纯朴品格的一个缩影。

城墙倒了，幸好这些古建筑群还保存了下来。

崇仁古街保存完整的古建筑有民居12座，古祠堂4座，书院1座，节孝牌坊1座，构成了气势不凡的古建筑群。不用一座座去细细观赏，仅仅是在街面走走，就已被它震撼。你一走完，似乎就能找到一种妥妥的归属感，找到内心无处安放的乡愁。古街周围有近些年兴建的新村，整齐划一的楼房，看上去没有古街那特有的感觉，那种感觉是与生俱来的，是源自血脉中传承的文化的潜移默化。

每一次到古街、古村落造访，其实都是一种精神上的寻找，寻找我血脉中流动的文化传承，寻找梦中的故园。崇仁古街实在是一条神奇的街，精雅而壮观的屋宇错落有致，几百年的风风雨雨，让它们尽显沧桑，但不失其固有的精气神；尽管有些破败，但风骨犹存，神韵尚留。它也沾染了时代的印记，但褪去泥色之后，古韵依旧。

街道上的石板、鹅卵石，被人和车轮磨得发亮，仿佛在告诉我们，这里曾经繁华与喧嚣。这"五里长街"曾是通往本县寨里镇、司前乡及江西铅山县、贵溪市的必经之道，又是南通福州，北往寨里镇、司前乡、江西的唯一水路交通要道。旧时，商贾往来，舟车穿行，络绎不绝，街道两旁客栈、布店、米行、酒坊、染坊等商铺林立，繁华喧闹非常。如今，它被大商贾冷落了，却被游人重新宠爱。我身边不时走过几群游人，他们热衷打卡，在朋友圈炫耀自己到此一游，消遣一日。我不知道，他们匆忙的脚步有没有感觉到古街历史的沉重和沧桑。

我流连在几处老宅间，痴迷这些砖雕、窗花，古人将对生活的美好寓意和向往全部镂刻在这些青砖、窗花之上，将对生命与自然的感悟糅合在房屋的结构中。每户房屋的外形、结构、雕刻的图案不尽相同，有时代的印记，有主人身份的象征，也有信仰的寄托，更有对自然的敬畏。它们表达得巧妙精致，自然大方，是技艺，更是艺术、文化。最能体现这些特征的当数裘氏家祠。裘氏家祠建于清雍正十一年（1733），据传，裘家人重修门楼时，正是慈禧当政，户主人特意将凤凰雕花置于顶上，形成凤在上龙在下的装饰，用于阿谀奉承慈禧。裘氏家祠前厅设屏门，顶饰六菱形藻井，内嵌木雕蝙蝠，屋顶为歇山。古时候该处用来搭戏台，主人坐堂上。同时，藻井也是风水先生设立的风水玄关，取五福临门的寓意。两侧过道有廊亭挡风避雨，天井两侧厢房门窗的木雕精美，花卉、

莠氏家祠外景

鸟雀栩栩如生。前后厅内的柱榱、柱础左右对称，每组的形状、雕饰图案均不相同。正厅两边是卧室，两个券门通后厅。内有神龛、佛像及松、竹、梅等壁画。

这里，不得不提"福字楼"。福字楼，明末清初建。台梁和穿斗混合式木构架建筑，大式做法。大门外建有停轿厅、门房，因房屋临街朝东，大门开在左侧（避免路人看见大厅，同时这也是该建筑的特色，古时建房都有请风水先生看风水的做法，像这样的大户人家就更加讲究了。大门前设天井有聚财、招财之意，门上钉砖钉取人丁兴旺之意，同时也是古人消防意识的隐藏：大门的横梁是木头做的，为避免走火，用青砖和砖钉包裹，阻挡火势，确保逃生出口不坍塌）。进门向右有小天井，井壁上砖雕纹饰精美。前厅饰藻井，再一大天井，两侧有厢房。中间、两侧有踏步上正厅。正厅有两根明柱，柱础雕刻精美，两边是卧室。内部的门窗、斗拱、雀替，木雕精细讲究。后厅较小，大天井两旁设南北二厅，称为"十字厅"，再往后是厨房。这种建筑结构全省较少见。

这两处古建筑足以见证古人在建筑上的智慧，这智慧也足以让这些建筑存留几百上千年依然风采卓然。而现代的楼房公寓将人搁置空中，封闭而狭小，更大的悲哀是直接影响了人与人坦诚交往与沟通，同一楼道的邻居，生活在同一空间几十年，可能都没有交往过，甚至可能姓甚名啥都不知晓，这种格局，必然造成城市的人情淡漠，全然没有乡村生活中那样鸡犬相闻的场景。当然，我无意对现代人的生活环境说三道四，只是生活在城市久了，对乡村生活产生无限留恋。

崇仁古街另一座保存完好的古建筑是一座御赐的牌坊。牌坊迎门上有牌楼，正中石匾雕塑有金龙，下面题有"恩荣"二字。村民告诉我，这座龚氏牌坊主人龚文宗读书做官后不幸早逝，其妻子李氏含辛茹苦将五个儿子抚养成人，五个儿子后来都通过读书考取功名，在当地传为佳话。村民深为其贤德所感动，一致上报朝廷旌表，并集资为她家立此牌坊，以示后人。我不赞同旧时"嫁鸡随鸡，嫁狗随狗"的婚姻观念，但看到这座节孝牌坊，却无比感动。古人对家庭的忠诚、对爱情的忠贞及尊老爱幼的孝道，值得书写和礼赞。

最后不忘到崇仁书院走走，说是书院，其实就是一处私塾，但它在当时已经很了不起了。书院不似前面提到的建筑恢宏大气，甚至在这些古建筑群中，极不起眼。但我想当年从这里传出来的读书声，一定是这条古街最悦耳动听的声音，这声音能穿越古街，穿透历史，一直传承至今。尽管这里并没有走出什么可大书特书的光宗耀祖的人物，但你却无法回避书院的功用，它是古时教育的一个缩影，见证了中华文明的赓续。

这就够了！如果没有它的存在，崇仁古街只能是一种阔气的显摆，

一种功用性居住之地。有了它,崇仁古街更有了几分灵气,有了它独到的古韵。

作者简介

  邓漠涛,福建省光泽县人,现在福建省光泽县人大常委会工作,业余爱好写作,作品散见于报刊及网络平台。

回望羊角水堡的炊烟

赖加福

缘分是世上最难破解的谜。有时候,就因为差那么一丁点缘分,我与心仪的风景竟擦肩而过。

那个深秋的周末,我跟随几位朋友,寻幽探秘的脚步踩在了羊角水堡鹅卵石铺就的小巷时,目光所到之处又一次与惊喜的内心重叠在一

古堡全景

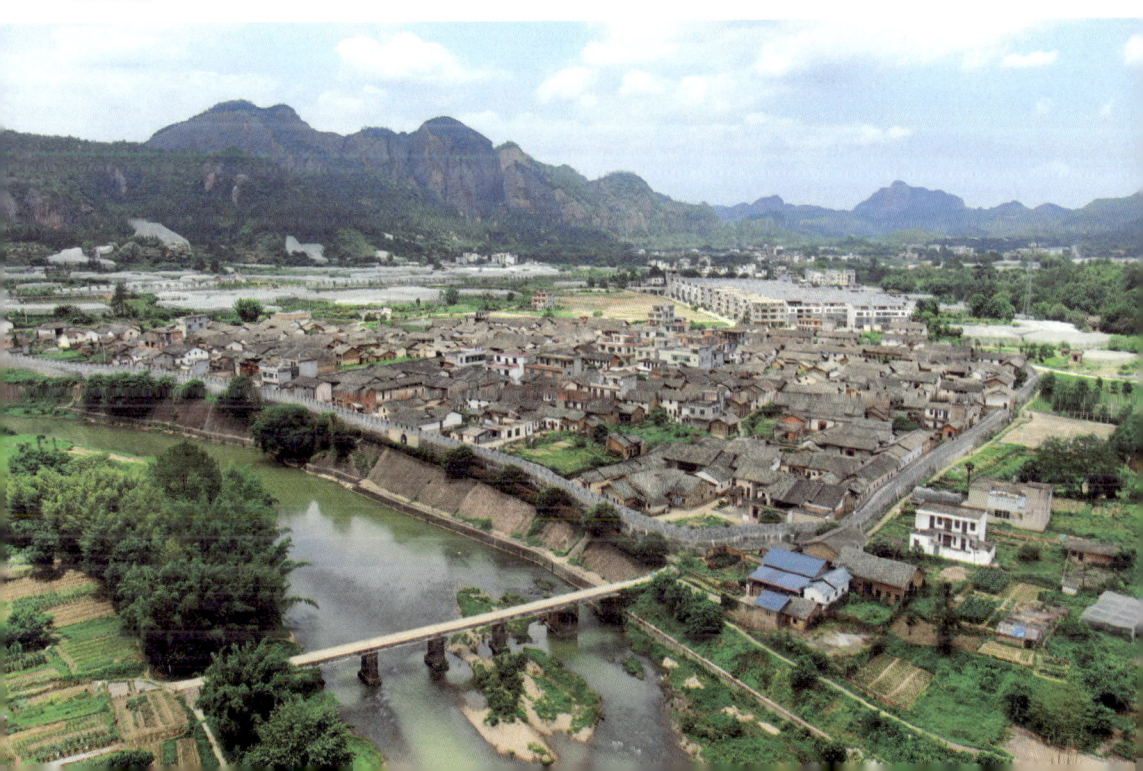

起。我不禁一遍遍责怪自己太孤陋寡闻。之前，我曾数次来到会昌城南的筠门岭镇，都只是冲着八仙中的汉钟离云游得道成仙的"虔南第一山"——汉仙岩，竟然不知道从汉仙岩往下眺望仅数里之遥的一湾湘水，早已伸出温情的手臂，拥抱着会昌县域内唯一一处全国重点文物保护单位：羊角水堡。

羊角水堡委实是一位低调内敛的耄耋老者，它慈眉善目，神情秋水般超然淡定，数百年来静默地矗立在山乡僻野的湘水之滨，守着一份清幽安静，将周围的青山绿水沏成一壶清茶，闲适地品茗岁月。不经意之间，耳畔已吹打过千年的风、百年的雨。

然而，在我眼里，羊角水堡更是一块朴实无华的璞玉，是一个生鲜灵动的生命。当清晨的湘水在金灿灿的旭日辉映下，拍击着河岸传达出古堡匀称的呼吸，巍峨高大的古城墙挺起古堡的脊梁，那简朴民居灶台里升腾的袅袅炊烟，便被风扯成一缕一缕，在阡陌纵横的古街小巷里东游西走，将古堡的魂魄归拢到祠堂华丽健硕的肌体里。羊角水堡向来不失为一个顶天立地的血性男儿，站立于天地之间。

其实，羊角水堡较之汉仙岩更早名闻天下。据当地老辈人讲："先有羊角水，后有筠门岭。"明代方志记载，羊角水集市于明代前期就已经很兴盛，到嘉靖初期，羊角水圩的规模和贸易额已居全县之首。只是未承想，到了民国时期，筠门岭镇成了当时声名远播的中国名镇之一，而羊角水堡却渐渐鲜为人知，名气被后来成为4A级风景区的汉仙岩以"江南小蓬莱"的美誉反超过去。

此刻，站在羊角水堡，目光与对面汉仙岩的眼眸对接，发现汉仙岩像只巨大的虎头，亦正虎视眈眈，那个明朝兵部尚书郭子章一语道破其中的玄妙，眸光碰撞处，时空早在千百年前就已在此完成"虎头羊角之聚"。这，或许是大自然天造地设的匠心吧。

古堡之古城墙

  微寒的秋风追赴着阳光，从空中扫过汉仙岩浓郁苍翠的树林，又从山岭落下，拂过波光粼粼的羊角水，水面便像一把徐徐打开的扇子般荡漾开去。"水"，在本地与"江"同义。羊角水上游是寻乌县的罗塘河，属长江流域鄱阳湖水系，发源于赣闽交界，武夷山脉笔架山南麓的寻乌县罗珊乡天湖，自南向北在筠门岭镇元兴村进入会昌境内。羊角水清澈明净，宛如丝绸一般，将两岸的各种树木、花草，空中的蓝天、白云倒映水中。河道绕城堡逶迤东去，潺潺的流水仿佛在轻轻述说着羊角水堡童话般的诗情画意。

  湘水和古堡这对前世与今生的情人，唇齿相依，抱作一团，不离不弃。羊角水堡南枕五岭，东连闽粤，西接潇湘，地理位置之险要不言而喻。《会昌县志》记载："羊角堡，虽一隅之地，当三省咽喉之区。"《会昌文史资料》（第二辑）记载："会昌羊角水，扼闽广之冲，为南赣咽喉重地。"宽阔而湍急的湘水，是羊角水堡的天然护城河，也是一道天然的屏障，正是这道"天险"，使羊角水堡自古成为关隘要塞。据史书载，魏晋南北朝就在此屯兵。汉代王温舒征粤时也在这里屯兵。

因河成堡，因堡成村。于是，自明嘉靖二十二年（1543）开始，赣南巡抚虞守愚在此主持兴建羊角水堡。城堡建成后，城墙高十三尺（10米），有垛口564个。原散居附近的近千户村民悉数迁入堡内。城堡内军、民和商贾杂居，常驻军士300—400人，居民千余人。历史似乎在这儿找到了漂亮的注解，几百年的光阴凝结盘桓下来，就在这座现今江南地区唯一保存完整的、规模宏大的明清时期修筑的军事城堡上，我们依稀还可以读到唐宋诗词的韵脚，闻到明清花月的暗香。羊角水堡，在今天的世人眼中，无疑是一方尚未被人为破坏的客家地区文化瑰宝。

沿湘江河岸行走，迄今仍完好地保存着800多米长的依江古堡，连绵蜿蜒，呈环抱之姿由东向南、向西，连开三门，依次建有通湘门、向明门、镇远门，各城门皆筑有城楼。三座城门如三位勇猛的将军镇守城堡，一脸的严肃威武，深邃的眸光里，四面峻峭葱茏的青山亲昵地吻在了白云的唇上。

而就在东城门外的古城墙脚下，一条用青石板铺成的曲折山路，将人的目光引向遥远的天边。荒草萋萋的路面，隐隐约约蜿蜒数里。羊角水堡的村民说："那是古代人去福建、广东的路。"正是这条绕城墙而过的古驿道，将三省一脉相连，使羊角水堡一度成为历史上联结闽、粤、赣三省的物质集散中转站，呈现"商贾如云，货物如雨"的盛况。如果时光可以倒流，人们或可以看到羊角水堡一派繁荣景象：遍布堡内的客栈、茶亭、酒坊、饭馆、杂货铺、豆腐作坊……山风猎猎，湘水奔流，曾经的鬓影衣香、车马辚辚如今已经在时光的峡谷化作一地云烟。

鲁迅曾经说过："地上本没有路，走的人多了，便成了路。"凝视这样一条悠长绵延的山路，我不禁陷入沉思，眼前仿佛浮现出当年勤劳质朴的羊角水村人，肩挑手扛着本地的稻谷、油茶、大豆、番薯、苞谷、甘蔗等农产品，贩往广东、福建等地，又挑回棉花、布匹、服装、洋货、海产品等供应当地圩场。吃苦耐劳的羊角水堡人，正是靠货物压弯扁担的"吱呀、吱呀"声，在这荒山野岭里艰辛地蹚出了一条求生存发展的道路。那一串串谷粒大的汗珠，一遍遍从黝黑的脸庞滚落到泥土里，浇灌了山道两边的花草，浇灌了几百年不老的光阴，也浇灌了羊角水人骨子里流淌的、祖先一脉相承的坚韧、刻苦与倔强。

岁月的长河浩浩汤汤，这条羊肠古道，不仅仅见证了商贩与脚夫年复一年的辛劳，还留下了像文天祥、王阳明、郭子章等名人先贤，乃至老一辈无产阶级革命家追求理想的足迹。据史书载，宋代杨文广兄妹带兵在筠门岭一带征战，成为当地家喻户晓的民间传说。当历史的风云际会消失殆尽，那叩击在青石板地面上"笃、笃、笃"的声音，还在羊角水堡的上空久久飘荡，打翻如水的思绪。一代代羊角水堡人，以羊角水堡为原点，通过羊角水堡唯一一座与外界相通的鹅胸桥，再通过这条羊肠古道，走到外面世界去，走出了一片广阔新天地。或许，在某个黄昏，古驿道上还会传来"嗒嗒"的马蹄声，一个风尘仆仆的身影带着一颗游子思亲的心，悄然抵达一座亮着灯火的老屋。

从通湘门开始进入古堡，缓缓叩开那扇厚重的城门，如同打开一卷竹简书写的史册。那门槛条石上光阴磨损的痕迹、那土屋木楼上岁月腐蚀的沧桑，便是这部古籍的序言，散发出一股古拙幽深的味道。古堡的历史在这片土地已经缱绻了400多年。有多少繁华曾经在此轮番上演？又有多少平淡的日子随旁边的湘水付诸东流，只留下无尽的乡愁和背影？一扇城门便把外面世界的繁华与喧嚣统统挡在了门外，古堡内的安详与静谧，很快将人的身心洗涤一新。那颗凡夫俗子的心，在物欲横流的世界里浸染太久太久，一瞬间，在这里似乎就获得抚慰，解开禁锢很久的枷锁，身心犹如山泉在石涧清爽透亮地溢出。

古堡之通湘门

通湘门

    拾级登上古堡城楼，一手擦亮一座古城被覆盖在时光青苔下的记忆。我不断打量的目光与历史那双长满老茧的手掌握在一起。每一块方形的城砖下面，都收藏着古堡昔日的青春芳华与百年沧桑。墙垛上，似乎还到处悬挂着被山风吹得猎猎作响的旗帜，昨日的金戈铁马、战火硝烟也仿佛历历在目。温暖的阳光如一片片羽毛照射在这个深秋的午后，照射在古城墙的城楼、垛口、甬道，以及大片白墙青瓦的土屋上面，强烈的层次感凸显出来，那些被岁月风雨浸透变得陈旧，甚至有些破损的残垣断壁，将人直接带入尘封的过往。

抬眼看到一位娉婷而立的红衣女子，一只纤纤细手扶墙望向远处的青山，被我的相机定格成永恒的风景。我们几个大人跟在几个活蹦乱跳的小孩后面，在城墙甬道上走走停停，不时可见野草从砖缝之间蹿出，一蓬一蓬的绿意挤进人们眼帘。几个孩子只顾玩耍玩具，沉浸在童真的快乐中，我们则在几块城砖面前停下，俯身辨认城砖，上面篆刻着"嘉靖甲辰岁仲冬吉旦立"的字样。其实，不仅这些城砖，古堡里还有精雕细刻的"蓝氏节孝坊"，以及上面石刻的乾隆四年（1739）的"圣旨"；"节孝"两字左右两边列刻的，从时任"两江总督"到"县儒学教谕"等江西省八位各级官员的职务与姓氏，这些岁月的印记，即便历经了风雨打磨依然清晰可辨，都在用缄默不言传播羊角水堡辉煌的传奇。

绕着城墙走上一圈，就可以居高临下地把整个羊角水堡装进胸中。堡内至今保存着清代和民国时代的大片民居，古祠堂、古牌坊、城隍庙、古码头等就藏身其中。走在甬道上，看到几处房屋正在修缮中，"叮叮咚咚"的敲击声给深秋的午后平添了几分幽静。这个面积7万多平方米的古堡，仍有190多户人家1100多口人生活其中。自明朝万历中期以后，堡内居民都为周氏家族成员。整个城堡的民用建筑与居住格局，逐渐以周子祥为始迁祖后裔的第五世祖周永泰、周永恭、周永敬三大房系的血缘宗亲疏近关系形成。

穿梭在古堡内羊肠样的大街小巷，极少遇到人，脚步轻轻叩击着鹅卵石路面，声音又清晰地回荡在巷里。径直来到这条长约70米、主体宽

城隍庙

6 米的添丁街，突然有种似曾相识的亲切感。恍惚之间，像是回到了 20 世纪七八十年代自己熟悉的童年。巷道是一卷展开的画轴，摊开的画页里有两旁密密匝匝挤满的白墙青瓦的土房子，这些民俗画的风格古拙朴实。一栋栋寂静的老宅像一幅幅意境深远的油画，被翻晒在阳光底下，用沉默不语诉说着岁月轮回、四季交替，供来来往往的人们阅读、浮想。当我们用不多时间将这条短街走完时，追寻着一股清香进到一间农家小店，每个人品尝了一碗叫酸水芋头的特色小吃，热情的老板娘告诉我们，这条逼仄的巷道里，什么都不缺。有卖杂货的小超市，有卖农家米酒、米果、米冻、鱼子板、煎糯米条、灯盏糕等的小吃店，更有一些老人妇女在路边或门口摆放一堆自产的烟叶、手工鞋底、布鞋等。这些东西不动声色地充盈在古堡缓慢的时光里，安着古堡的心，慰着古堡的肝，使古堡得以保持原汁原味，在岁月中悠闲自得下去。

这里有些房子已经人去楼空，深锁着的大门回避着路人好奇的目光，只听任风车、磨盘、打谷机、犁耙等农具蜷缩在屋檐一角，光阴与光阴背后的故事，早被落满尘埃，空留下荒凉的背影。大部分房子仍然住人，在灿烂的阳光底下，晾出的花花绿绿的衣服、被套、床单之类的物品，令整个古堡变得生动起来，流动着烟火气息。古堡内至今仍生活着1000多口人，一直以他们平淡的日子演绎着平凡的百姓人生。空气中飘散着一股燃烧柴火的草木味，屋内传出麻将桌上"噼噼啪啪"的声音、电视机播放节目的声音，间或从门口瞥见小孩在书桌前做作业的认真模样。这些，都让人感受到这座古堡市井的体温、家的温暖可亲。那个倚在屋檐一角晒太阳的老人，闭起眼打着瞌睡，偶尔有几声鸡鸣犬吠无意中惊扰着老人的清梦。有几只鸟雀落到院落里的压水井井沿上，异常机警，听到人的动静，又惊慌地飞走。这宁静之中流淌的安详与舒适，竟对我有种魔力般的吸引，突然记起在一本书上看到的一句话："世界这么大，总要找到一处地方来安放心灵。"暗想：倘若自己可以在此借居一间民宿，就坐在和煦的阳光底下，品着一盏清茶，翻看一些喜欢的书籍，也翻看这里与世无争的闲淡日子，该是多美的一件事。

那些隐在民居丛中的祠堂，是古堡这部史书厚重的章节，毫无悬念地叫住了每个过往旅客的匆匆步履。我也不例外，在气势恢宏的祠堂前驻足徘徊，与祠堂做一次目光与时光的巡礼和交流。这些被客家人眼里视为图腾的建筑，是羊角水古堡建筑规模最宏大的地方。跨进气势恢宏的门楼，我将目光深深地投向堡内最为著名的周氏宗祠，始建于明正统七年（1442）的周氏宗祠为砖木结构，进深29.8米，宽17米，占地面积506.6平方米，红石门框，上下厅布局，门外檐梁正中竖立双柱斗拱，

老祠堂

内部装修有藻井、轩棚及雕镂精美的木拱、雀替等，整座建筑美轮美奂。由于对宗祠的重视程度，后代子孙于清康熙元年（1662）、同治十二年（1873）两次进行了修缮才达到如今规模。

周氏宗祠形象地表达出客家风水文化的意境和内涵。除传承香火、祭祀祖先的功能外，出人丁、出人才、求财气、求功名富贵的人文内涵体现得尤为明显。周氏宗祠将钟鼓楼改建为文昌阁，将耸立的"东山"喻为"魁星点斗"，祈望紫气东来、文星照耀，显示出对人才的渴求和对文化的尊崇。这些，使我不禁想起在客家地区流传的一首童谣："月光光，秀才郎，骑白马，过莲塘……鲤嫲头上掌灯盏，鲤嫲肚里做学堂。做个学堂四四方，兜张凳子写文章……"这首童谣，是客家人耕读传家的文化传统的写照，寄托了长辈们对子弟读书仕进的热切期望。正因为这样，羊角水堡虽地处偏远，但很早就有自己的一所智育学校，现在叫羊角小学。

数量较多的古祠堂、古庙宇、古宅子是羊角水堡的鲜明特色，堪与周氏宗祠媲美的还有蓝氏祠堂、纲公祠、芳公祠等。那幢清代建筑蓝氏祠堂，于康熙四年（1665）建造，为"旌表儒童周道明之妻蓝氏"节孝坊，坐北向南，占地面积960余平方米，砖木、土木混合结构。雕梁画栋，造型别致。祠堂旁边，还有一座建于清乾隆四年（1739）的四柱三间石牌坊——蓝氏节孝坊，由红石雕刻镶嵌而成，虽风化严重，碑文和雕刻亦已模糊不清，但仍气势非凡。

走进这些平常少有人光顾的祠堂，屋内陈旧的飞檐、花楣、雕窗还在有意无意地展现着几百年峥嵘岁月的荣光。一代代人在这里出生，来到人世，又回到祠堂，离开，匆促的人生最终浓缩成了那部家谱里发黄页面的一串名字、符号。"人生代代无穷已，江月年年只相似。"瞬间与永恒，竟惊人地同时存在于这间房子。时光依旧在厅堂流转，仿佛是一串串永不停歇的脚步行走在前行路上。而不断远去的一片片风景，消逝在岁月深处。亘古不变的恐怕就是神殿般的祠堂，以及祖祖辈辈传承下来的坚韧不拔、吃苦耐劳的品质。置身于历史与现实的撞击之中，令人恍然如梦。屋子里有一种空旷、寂寥、久远的气氛，使得空气与呼吸凝重起来，让人就算心怀好奇，也不想做太多的停留。

深秋时节的太阳早早从古堡撤离，我们在出堡途中遇见两片面积很大的池塘。当地人告诉我们，这两片池塘一直保留在这里，不仅仅为放养鱼虾，更深蕴中国风水学玄机，水能聚气、旺财，这两片池塘与旁边的湘水河被认作全村的财气之源。

古堡披上夕阳那件红色披风的时候，我们已经走出羊角水堡，远远回望，朋友突然兴奋地说："快看，那是一朵灼灼盛开的山茶花，真漂

周氏宗祠

周氏宗祠内景

亮！"是呀！我怎么也没想到，我们今天会在此捡拾到一枝开了400多年的花朵。这枝明朝的山茶花，有成熟女人的矜持、风韵、高贵、艳丽，露出清纯的微笑，与对面的汉仙岩含情脉脉地相望、相守、相依、相伴。地老天荒，像永不凋零的爱，只为等候一场盛大的花事，和远方的你。

古堡内，已经升腾起袅袅炊烟，柴火燃烧出的草木清香如花香般充满村庄，充满了尘世。

作者简介

赖加福，江西省作家协会会员，作品散见于《辽河》《散文诗世界》《教师博览》《江西日报》等报刊，出版散文集《饮一江湘水》。

沙土，从盐茶古道上走来

黄 泽

历史，从来不会无缘无故地眷顾某个地方，而一个地方的发展在其偶然中往往有其必然。黔北重镇沙土也一样。

与曾经喧嚣一时的黔北四大古镇打鼓新场、永兴、茅台和鸭溪相比，历史上的沙土其发展略显滞后，唯其如此，沙土才能如云贵高原东部的一颗新星，厚积薄发，后来居上。在地势较低的河谷小流域气候影响下，尽管已是初冬，依然有温柔的阳光毫不吝啬地眷顾着它的每一个角落。

从贵州遵义驱车，也就半个多小时的车程，在毕节市金沙县和遵义市播州区交界的偏岩河边七弯八拐，跨过沙三大桥，就进入毕节市东大门的沙土地界了。

我从小生活在官田，一直在大沙土的范围，虽然距离只有几公里，但因为工作性质，只知其繁华，没有什么太多的印象。尤其是沙土的过往，对于我来说，简直就是一张白纸。这次被抽调参与地方志的编纂，沙土的印象才逐渐清晰和厚重起来。

一

当清晨的第一抹阳光如婴儿的小手般抚摸着小镇的街头巷尾时，青石板铺就的街道反射出刺目的光芒，高大而古老的板栗树，像一位慈祥的老人，苍老的枝丫间，叶子在微风中颤动着，街道两边店铺房檐上翘起的风火墙，石灰的墙面，在晨光中聚集着耀眼的光芒，并折射进幽深的巷子，形成一道道光束。沙土街附近的妇女们一身朴素的农家装束，背着背篓，挑着菜担，三五成群地从四面八方走进场口，走在石板路上，脸上饱经风霜的皱纹里流淌着乡间的岁月。她们刚从地里采摘来的蔬菜瓜果，还带着新鲜的泥土气息，豌豆尖的嫩叶挣脱束缚，在风中摇曳，仿佛在亲切地跟路人打着招呼。

而在小街不远的碗厂坡小山上，在几棵大柏树的墨色掩映中，山色呈现出各种层次，只有沉下心才能品味。枫叶的红、杨叶的黄仿佛山间跳跃的经纬，樟树犹如一把翠绿的伞，上面均匀地点缀着黄的、紫的、褐的花纹，几棵大叶榆只剩下几片零星的叶子，在风中颤颤巍巍地抖动着，谁家随便种在园外的菊花红红火火的，正开得灿烂：朱砂红霜，艳艳地开在角落里，展露着笑靥；瑶台玉凤，粉黄的花球，在风中昂扬着，仿佛一个顽皮的姑娘俏笑着，正准备把手中的绣球扔给心仪的书生；天鹅舞婀娜多姿，金黄的花瓣内卷外伸，既肆意泼辣又优雅大方……一只小花猫懒洋洋地匍匐在院墙的一角，眼睛不时睃睃山下。

山下是一片几公里长的平地，明清时代，这个地方曾经作为官府跑马训兵和马帮们拴马歇脚的地方，所以也叫"马道子"。马道子另一边是烟墩坡，坡下就是沙土街，所以沙土以前又叫"坡脚寨"。沙土是先民们在黔北地区最早的聚居点之一，也是黔西北东部盐茶古道文化重要的发祥地。盐茶古道开始于明初，盛行于清中，繁荣于民国，它的兴起和盛行为沙土的稳定繁荣和文化交融做出了决定性的贡献。如果你到过胡家大院，参观过万寿宫，重走过沙土一带的长征路，就会同意我的看法。

据《黔西县志》记载，清乾隆十一年（1746），黔西州"设立运盐队，由仁怀运川盐入州境，在滥泥沟集散，再转运平远、安顺等地"，官运和民间私盐的贩运，直接促成了金沙境内清池、新场（今金沙城关）、安底、沙土等地盐号和商业兴起。可以想象，在漫长的岁月里，一支支马帮在这条深山河谷间的隐秘交通要道上缓慢前行，叮叮当当的马铃声，从川南的自贡出发，经过茅台、鸭溪、石板，然后在沙土这个重要的中转站歇歇脚，再经三丈水、息烽、修文一路逶迤，到达贵阳、安顺，或者在那里稍作休整后，再到更远的镇远，进入湖南、江西。

作为盐茶古道东线上一个重要的节点，位于毕节、贵阳、遵义交界处的沙土，承担着川盐入黔、湘、赣和黔茶入川、藏的重任，还承载着黔中、黔北和黔西北物资转运的重任。小小的沙土，在中点上谦逊并带点敬畏地匍匐着，以它坚硬而厚实的石板路和甘洌的清泉，还有朴实的民风迎来送往。剽悍的马帮们带去了井盐、茶叶、兽皮、桐油、土布，还有彝家人、苗家人和汉人的各种山歌和传说。

老人们告诉我，在古时候，马帮一路辗转，从四川的自贡到达沙土，需要20多天时间，如果承担的是湘货贩运，一个来回，三四个月时间都在路上，备尝艰辛，人牵马，马驮货，即使没遭土匪抢劫，也会累得死去活来。

二

清黔西知州冯光宿曾在沙土三丈水（原名"三涨水"）留下"清晰的履痕"，他在《源水三涨》中形象地写道："幽壑泉流亦幻哉，朝朝三涨白云隈。寂喧有定谁能测？消涨无常世莫猜。峡底才停千级浪，源头又吼一声雷。看余此地天然胜，如在鸡笼窝里回。"所谓"三涨"，就是三丈水的最早的名称。现在，我看到的那条河道，就从马帮们跋涉了上百年的峡谷中穿过，峡谷中的三丈水依然在阳光下闪烁着鱼鳞般的光斑，裸露的干河沟河床则以灰白色的鹅卵石怀念着那段人挑马驮的辉煌岁月。

曾家垅杨家官塘和马胡棚古驿道上的石板已经被马帮的马蹄踩踏得溜光水滑，金属制作的铁掌经年累月在驿道上穿梭，以至于石板中间都踩踏出了许多小坑。在石笋坡，至今保留有清康熙四十三年（1704）始修石笋坡盐茶古道的石碑，碑文中写道："石笋一路，非名邦大邑，康庄大道，有学士及友往来于其间，骚人逸玩赏于其地，上下左右，多崇山峻岭，且险而崎岖，去来者未免有裹足不前之苦。"由此可见古道之险和行走在上的艰难。今天，我们牵着马在上面行走，就是经验再丰富的老马都会踌躇再三。这些聪明的马虽然已经不再像祖先们那样千里跋涉、负重前行，但它们仿佛知道，每一步都必须小心翼翼，否则就可能摔下万劫不复的深渊。

据老人们回忆，在鼎盛时期，沙土街上每天都要接纳数十人的马帮，有时候甚至一天有10多个马帮借住。每天黄昏，整个街上人喊马嘶，异常热闹。马道子、盐仓一带街口，都设有专门喂马的马棚和供马帮住宿的客店。

今天，在盐茶古道上重温当年的情景，当然也算一桩惊险刺激的美事，只是山高路险，需要有些胆识。当然，也有年轻人常常耐不住寂寞，两腿一夹策马狂奔一番。马蹄撞击五花石的清脆蹄声响遍山野，在沟谷中回荡。

盐茶古道遗迹曾经遍布于沙土乡间每一条重要的山路，岁月流逝，

沙土三丈水 1

沙土三丈水 2

如今大多已荡然无存。除了曾家坨和马胡棚，现在，有一定规模的盐茶古道遗址还有卡子门、石牛口等处。这条线路是川盐从黔北地区的桐梓县、播州区渡乌江支流偏岩河进入黔中地区修文县、贵阳市的要道。两个古渡口的历史可追溯到元末明初。古渡边的驿道都是沿着蜿蜒的崖壁和陡峭的山路从河谷底部向上攀爬。直到今天，驿道依然险峻，当年马帮驮着重物行走在上面的艰难可见一斑。至于在沙土街上，要寻找当年马帮留下的踪迹，只有深入老街中心的院子里、阴暗狭窄的巷子之间，才能隐约找到他们的踪影。许多巷子里还保留有当时拴马的石柱，天井与天井之间、院落与院落之间的石门上还残留着当年的痕迹，零零散散地将马帮当年的经历引向历史的深处。我想在古镇上捡拾马帮留下的一点蹄印，但是剩下的断壁残垣，已经把那段岁月打磨得过于零碎。

据老人们说，沙土在整个毕节市东部地区，甚至是黔北地区，曾以其发达的文化教育和商业贸易闻名于世。早在清代乾隆年间，沙土就开设了私塾，后来由政府资助的义学馆不断涌现。仅在清末，沙土境内就有干溪河、狗场、官田、观音寺、黑神庙、岩孔等私塾30余所。近代和现代又创办小学、初中和高中，使沙土成为远近闻名的人才之乡。沙土最早的公立学校是沙土一小。据史书记载，1912年，光绪乙巳科举人杜振基率先筹办新学，因病早逝，壮志未酬。后在刘佐臣、黄瑞庭等人的多次倡导和主持下，1918年新学正式成立，定名新文学校，校址在仁寿宫，杜少模任首任校长。在新文学校的影响下，狗场（今中心）的达善学校，干溪河（今源村镇普惠）、青乐（今青山）、博爱（今官田）等地以新学为主要内容的保国民学校相继建立起来。新学的兴起，为沙土中期的发展培养了大批人才。在中心小学的校园一角，至今还完整地保留着1925年达善学校成立时的纪念碑，碑名为"黔西县东区保卫团团总兼达善学校校长王君正荣公益碑纪"，碑序中仍能清晰地看见"盖谓闻鸡起舞""祖土雅勤"等字样,说明当时沙土士人乡绅重教兴邦的远见卓识。

  站在万寿宫高大的古树下,抑或是站在达善学校古老的纪念碑前,我都有同样的感觉:沧桑而悲壮!我被沙土先贤们兴学重教的义举感动。试想,在那个物资匮乏、社会动荡的年代,兴办一所学校,要克服多少人、财、物等方面的困难?他们这种为沙土现代教育事业奠基的精神的确让人钦佩、敬仰。夕阳中,我仿佛看见先贤们为兴学义举而四处奔波的疲惫身影,仿佛看见无数求知的眼睛聚集在校园里,他们的眼光延续成沙土后来居上的发展之光、希望之光。

  沙土商业和贸易过去也很发达,鼎盛时有300多家店铺,光供过往客商和马帮借住的旅店就有四五十家。因此,沙土成了黔西北东部、黔北南部和黔中北部重要的商品集散地,川盐、茶叶、桐油、皮货等各种物资,通过马帮销到遵义、安顺、贵阳等地区,甚至远销重庆、云南、湖南和江西等省、直辖市。至今一些老人们还自豪地跟远方的客人说:"沙土商人啊,一张嘴走天下。"

  从马道子往下走,就是沙土老街了。整条老街顺着碗厂坡、烟墩坡的山势蜿蜒延伸,在两山交会的地方再向外拓展,形成"伞"字状。沙土老街虽小,却具备了中国南方传统集镇建筑的基本特点,街道两边是鳞次栉比的老店,砖墙或石墙的灰壁在侧光照耀下有浮雕般厚重的感觉,檐顶的风火墙矗立风中,墙上的狗尾草飘扬着。现在,老街的店铺依然,茶馆、酒肆、缝衣铺、面馆、皮货店……几乎关系整个百姓饮食起居的生意都有涉及。而那些老旧的招牌,就像是它的土人一样,露出一张张真诚的笑脸,欢迎着每一位过往的客商。

  在一家杂货铺的门外,一群天真的孩子正玩得兴起。一个小男孩手中攥着一只气球,在他后面,跟着四五个孩子。孩子们的出现,为老街平添了几分生气。

三

在老街深处，沙土人宁静的岁月按照百年来形成的习俗缓缓度过，灿烂的阳光下，几个老太太坐在街口的椅子上，拉着家常。老爷子们则分成两拨，围在一张小方桌四周，为正在酣战的棋手助威，旁边不时有孩子们的嬉闹声传来。两只小黄狗懒洋洋地躺在石板地上，没精打采地斜视着正在墙角拿蟋蟀逗趣的小花猫。

如果说纵横交错的老街编织成了一张网，那么巷子口就是这张网的中心。它是古镇辉煌历史的见证，也是老街的商贸中心。白天的巷子口，遍布着售卖各种货物的店铺，店铺外面，由几顶色彩各异的遮阳伞撑起一个个小吃摊。漫溢在空气中的香气引来了食客，还有路人好奇的目光。

与黔北地区的其他古镇一样，这里的街道其实也构成了老镇的交通网。明清时期，进入沙土的盐茶古道有好几条，其中最重要的两条：一条从自贡出发，经黔北仁怀、鸭溪、石板等地，过偏岩河后再经源村、沐塘寨等地进入沙土街；另一条从自贡出发，经黔北的桐梓、播州、螺丝堰，在十衕渡或石牛口过偏岩河后，再经官田、石鼓寨进入沙土街。马帮们一路人挑马驮，把盐巴、皮革等物资汇聚到沙土街的巷子口和中街一带，或就地进行交易，或经过短暂休整后从这里出发，经三丈水，在大塘和江口渡过乌江，再经息烽、修文运到贵阳、安顺。

1935 年 3 月底，中央红军四渡赤水后，从遵义播州出发，沿着先民们开凿出的这些古道，浩浩荡荡地开进沙土。作为黔北重要交通枢纽和商贸集散中心的沙土古镇，迎来了它自建立以来的最为伟大的历史性蜕变。

红军在沙土期间，党中央和中革军委驻扎在以巷子口为中心的老街周边，毛泽东、周恩来、朱德和彭德怀等党和红军领导人就住在万寿宫、胡家大院、邹家大院、黑神庙等地。朴实的沙土人热情地接纳了这支队伍并予以最大的支持和帮助，使其在短时间内成立了南渡乌江指挥部，戏剧性地上演了"假电报"诱蒋（介石）事件，从而完成了主力红军在沙土周边集结、南渡乌江、佯攻贵阳、西进云南的战略意图。

如今，位于黔西北、黔北和黔中十字路口的沙土，沿着当年的古驿道修建了四通八达的公路，南接贵阳，北连遵义，沙三公路则从明清黔北四大古镇之首的金沙（打鼓新场），一直贯穿到十衙渡边和播州接壤，成为连接沙土和黔西北的交通干线。乌江水运也非常发达，沿乌江干流和支流偏岩河，上可达息烽、修文、黔西，下可到播州、思南、余庆、涪陵。千里乌江上"百舸争流"的画面已不再只停留在诗词里或是绘画中。通过水陆两路，重庆、遵义、贵阳等地的商品源源不断地涌入沙土，沙土的农特产品也不断走出大山，走向世界。更聪明的是，沙土人借助互联网平台，进行网上直播、销售，把"信息时代"的红利利用得淋漓尽致。每天晚上都有数以百计的直播网民，活跃在各个平台，他们形象俊美，朴实大方，成为商贸古镇沙土的一道亮丽的风景。

为保护古镇，同时更是为了保护当年红军留下来的这些极为珍贵的革命遗址、遗迹，沙土试验区党工委和管委会在制定古镇发展规划时，已把商业开发、旅游观光和革命遗址修复保护工作同步提上议事日程。于是，今天我们看到胡家大院在修复，邹家大院在修复，万寿宫、黑神庙、巷子口等一系列的文物古迹和革命遗址在修复这样的画面。相信在不久的将来，商贸古镇沙土又会多一张"红色沙土"的名片。

在沙土最繁华的明星广场一带，我看见有几家新开的酒吧，里面坐满了客人。还有一家咖啡厅、两家歌舞厅和几家鱼庄正在装修，屋外整

沙土河段乌江

齐地堆放着装修的材料。随着生活方式的改变，古镇的现代气息也会越来越浓厚。

作者简介

　　黄泽，贵州省金沙县人，教师，地方志编辑，中国散文学会、贵州省作家协会会员。20世纪80年代开始至今已在上百家报刊上发表散文、小说600余篇。作品多次在国内获奖，多篇文章被《读者》《散文选刊》等转载。著有《你不比别人卑微》《落花无意流水无情》等。

潇湘文旅盛　不忘柳子情

——永州访柳宗元遗迹

魏　颖

　　湖南永州古称"零陵""潇湘",地处湘桂交界,潇、湘二水在境内的萍岛汇合,为潇湘之源,"潇湘八景"之"潇湘夜雨"即源于此。永州的人文历史源远流长,道县玉蟾岩出土了12000多年前的原始古栽培稻和原始陶器;永州有舜帝南巡、驾崩九嶷的传说,有湖南四大书院之一的萍洲书院,有世界上仅存的妇女专用"蚊形字"女书;永州孕育了唐代书法家怀素,宋代理学鼻祖周敦颐,清代书法家何绍基,永州还曾是"唐宋八大家"之一的柳宗元被贬官、蛰居十年的地方。在永州,从柳子庙到愚溪,从西山到东山,从白萍洲到香零山,都留下了柳宗元的足迹和诗文,寻绎柳宗元走过的山山水水,品味一代文豪的思想人格,成为笔者此番永州文旅之行的主题。

拜谒柳子庙

　　到了永州,我们就直奔坐落于潇水之西的柳子庙。据说在柳宗元即将离开永州时,就有人从民间发起为之筹建祠庙,但由于种种原因没有实现,直到北宋仁宗至和三年(1056),柳子庙始成。900多年来,柳

永州柳子庙

子庙多次重修，现存砖木结构庙宇为清同治、光绪年间所续建。

沿着柳子街的青石板路，怡然东行，不久便有一座白墙、黑瓦、青石门楣的庙宇跃入眼帘。庙前院墙高大，正门青石额竖刻"柳子庙"三个遒劲刚正的大字，环以"五龙戏珠"石雕；门框上刻有楹联"山水来归，黄蕉丹荔；春秋报事，福我寿民"，系集韩愈《荔子碑》的佳句而成。

柳子庙为三进三开，迈进大门，可见位于最前面的双檐八柱古戏台，戏台楼阁正中是书法家何绍基所书"山水绿"题额，戏台后侧梁枋正中位置则悬挂着"文在兹"匾额。檐柱上头雕有龙凤、麒麟，台阁上端则是一排栩栩如生的"九仙"塑像。"八仙"蓝采和、韩湘子、何仙姑、铁拐李、汉钟离、吕洞宾、曹国舅、张果老分站两边，簇拥着手捻白胡须、目光高远的太上老君，也称"柳子菩萨"。在永州民间，有太上老君下凡，化身为柳宗元的传说。百姓奉柳宗元为柳子菩萨，相信他能镇妖除魔，护佑众生。

柳子庙古戏台

伫立在柳子庙古戏台前，可以想象自北宋后期以降，柳子庙每年农历七月十三（柳子生日）和十月初五（柳子卒日），举行祭柳庙会的盛况：庙内杀猪宰羊，香花箫鼓，龙灯狮舞，百戏腾骧，聒天动地。五花八门的地方戏在古戏台上出演，士农工商齐集庙内，欣赏零陵花鼓、渔鼓、异蛇杂技等表演，还品尝零陵米酒、糕点、柳子粑粑等地方美食，不仅是为了欢庆、娱乐，祈祷全家福寿安康，更是以这种形式纪念这位为人们带来福祉的柳子菩萨。

拾级而上便到了前殿，上悬"八愚千古""都是文章"的黑底鎏金匾额。左右厢房有四个陈列厅，分别展示了柳宗元的生平事迹、永州十年、文学成就，以及后人对柳宗元的纪念、缅怀。通过展厅介绍，我们了解到柳宗元跌宕起伏的人生，以及与永州的不解之缘：柳宗元于唐代宗大历八年（773）生于长安，字子厚，祖上世代为官，声势显赫，为河东柳氏名门。柳宗元自幼聪颖早慧，才华绝伦——12岁替人撰写奏章，

17岁献诗，名噪京师，21岁中进士，声华籍甚，可谓"河东巨族世无伦，早有才名动缙绅"。柳宗元人生轨迹发生逆转是因为他参与了王叔文集团的"永贞革新"，成为政治旋涡中的核心人物。这场政治改革触动了宦官、藩镇军阀等多个利益集团，他们相互勾结起来，对革新派进行反扑，"永贞革新"仅持续了100多天就失败了。柳宗元被贬谪，自礼部员外郎贬为邵州刺史，永贞元年（805）十一月，柳宗元在赴邵州途中被加贬为永州司马，约十二月到达永州。柳宗元来永州，最初寄住在潇水东岸的龙兴寺。元和五年（810），柳宗元改冉溪为愚溪，在其东南筑室为居。自此至元和十年（815）正月，得宪宗诏还长安，旋出为柳州刺史，直至元和十四年（819）十一月初八，病逝于柳州，享年47岁。

从前殿穿过走廊拾级而上，便来到正殿。正殿上方主梁悬有"文冠八家"匾额，殿中有汉白玉雕刻的柳子坐像，坐像中的柳宗元面容清癯，眼神坚定，手执毛笔，若有所思，仿佛在酝酿一篇佳作。塑像后壁为一扇形雕刻，上书"利民"二字，两边则是"永州八记"漆雕图。远视柳子塑像，像一尊乳白色的蜡烛，恰如柳子璀璨光辉的一生，照亮了他人，燃烧了自己。

碑廊紧靠正殿之后，有人称"草圣"的唐代书法家怀素的真迹，有明代嘉靖宰相严嵩的真迹"寻愚溪谒柳子庙碑"，更有国宝"荔子碑"。"荔子碑"因首句"荔子丹兮蕉黄"而得名，又因此碑集韩愈文章、苏轼书法与柳宗元德政为一体，世称"三绝碑"，具有很高的历史价值和艺术价值。

造访西山

柳宗元积极参与王叔文集团的改革，并非仅仅为了个人的仕途经济，也是为了兴利除弊，让广大人民获得更多利益，使唐朝重现开元盛世的局面。然而，政治斗争非常残酷，永贞革新很快便夭折了，革新派遭到迫害，王叔文被杀、王伾被逼死，包括柳宗元、刘禹锡在内的八位骨干成员被贬谪。

柳宗元携年近七旬的老母卢氏走上流离颠沛之路，到达永州后，柳宗元的职务是"永州司马员外置同正员"，即在正员编制之外的官员，其实没有什么实际工作，也没有安排官舍。柳母卢氏出身于士族家庭，从小受过良好的传统文化熏陶，34岁方生下柳宗元。柳宗元4岁时，卢氏就教他识文断字，仅一年就学会了辞赋14篇，打下了深厚的文化根基。卢氏55岁孀居，一直和柳宗元一起生活，母子感情非常深厚。但因为水土不服、饮食不合、医疗条件匮乏等诸多原因，卢氏到永州不及半年，就病逝于龙兴寺。

柳宗元从庙堂之高走向江湖之远，本就是沉重的打击，痛别慈母，更给他带来巨大的心灵创伤，另有一些趋炎附势的人捏造种种谣言对柳宗元进行人身攻击，过去和柳宗元交好的一些亲友，也和柳宗元断绝了来往，再加上永州荒僻落后，气候潮湿多瘴气，使长期在北方生活的柳宗元感到非常不适应。那首以孤绝传世的《江雪》便因此诞生了：

千山鸟飞绝，
万径人踪灭。
孤舟蓑笠翁，
独钓寒江雪。

此诗也是一首"藏头诗"，将每句诗的第一个字连在一起读，便是"千万孤独"。联系整首诗的意境，我们更能体会柳宗元当时举目无亲，将自我与周围环境相对立，陷入孤独悲愁中不能自拔的状态。这种状态在元和四年（809），也就是柳宗元来永州的第五个年头有所改变。这一年九月的某一天，秋高气爽，柳宗元坐在法华寺西亭上欣赏风景，蓦然发现对面的西山风景不同于寻常。于是，柳宗元带领仆从出城，从西山脚下披荆斩棘，攀登到绝顶。在西山，柳宗元一边游览，一边喝酒，归来后写成《始得西山宴游记》。在柳宗元的笔下，西山有着独特的灵性和魅力：

萦青缭白，外与天际，四望如一。然后知是山之特立，不与培塿为类。悠悠乎与颢气俱，而莫得其涯；洋洋乎与造物者游，而不知其所穷。引觞满酌，颓然就醉，不知日之入。苍然暮色，自远而至，至无所见，而犹不欲归。心凝形释，与万化冥合。然后知吾向之未始游，游于是乎始。故为之文以志。①

感召于柳宗元细腻传神的美文，我特地造访了《始得西山宴游记》的遗址。然而，当我身临其境时，却不免失望了——西山既不伟岸嵯峨，也不险峻峭拔，不过是座高不过百米，近似丘陵的小山，山上杂草丛生，布满断枝残片，实在是平常不过。在《始得西山宴游记》中，西山卓尔不群，令人心生惊喜，其文眼在于"始得"二字，不仅包蕴着柳宗元对永州美景的发现，而且暗示了作者于困顿中开悟，从此尝试放开身心融情山水，获得一种随遇而安、进退裕如、无往而不乐的生命境界。

《永州八记》被誉为中国古代山水游记的登峰造极之作，所描绘的

---

① （清）纪晓岚总撰，林之满主编：《四库全书精华·集部》，中国工人出版社2002年版，第71页。

对象并非名山大川，而是永州的小山小水，《始得西山宴游记》则为《永州八记》之首。应该就是在元和四年（809），柳宗元在法华寺西亭（今东山高山寺）眺望西山，随后又宴游西山的时候，他的心境豁然开朗了，试图接纳永州山水，与生存的环境达成和解。"失之东隅，收之桑榆"，虽然在永州的岁月，柳宗元无法在政坛上施展才干，却在文坛上大放异彩。灵动、秀美的永州山水慰藉柳宗元孤苦的灵魂，并滋养他的文笔。在赏玩并书写永州的过程中，柳宗元不知不觉与其间的一草一木、一山一水融为一体，实现了自我生命的救赎与解放。

探幽愚溪

柳宗元在永州生活了十年，先住在龙兴寺，后迁居愚溪之畔。愚溪原名冉溪，俗称"染溪"，它流经柳子庙200余米后汇入潇水，潇水纳愚溪后北流约4公里，在萍岛汇入湘江。元和五年（810），柳宗元在冉溪购置产业，在溪边筑庐而居，将冉溪改名为愚溪，同时将愚溪附近的小丘、小泉、小沟、小池、小岛取名为愚丘、愚泉、愚沟、愚池、愚岛，并对溪边景致进行改造，修筑了愚堂、愚亭，它们和愚溪一起构成了"八愚胜景"。正是在愚溪之畔，柳宗元写下了《钴鉧潭记》《钴鉧潭西小丘记》《至小丘西小石潭记》《愚溪对》《愚溪诗序》《溪居》《夏初雨后寻愚溪》等名作。

于是，寻访了《始得西山宴游记》的遗址后，我们又探幽了愚溪。愚溪上漂浮着一叶扁舟，上坐一位披蓑戴笠、稻草扎成的渔翁，让人联想到《江雪》中"孤舟蓑笠翁"的诗句。"得西山后八日，寻山口西北道二百步，又得钴鉧潭"，我一面默默吟诵柳宗元的文章，一面沿愚溪下行，不觉来到状如熨斗的钴鉧潭。溪流曲折回环，溪谷凹陷，溪畔崖

永州愚溪

石玲珑，翠竹丛丛。由此处继续西行二十来步就是"西小丘"，乍看此丘并无独特之处，细看方知奇石嶙峋，突兀不凡，恰如柳子文中所言。这些奇石负土而出，有的好像牛马在溪里喝水，有的宛如猛兽在爬登山峰，不由得佩服作者观察细致，想象丰富，且能譬喻传神，化静为动，妙笔生花。

当年柳宗元发现了西小丘的不同寻常，就向当地人了解情况，得知西小丘的主人早就准备廉价出售此丘，却一直没有买主。柳宗元怜惜西小丘无人赏识，就将它买了下来，并与同游的朋友拿了工具在丘上刈除秽草，砍去恶木，并用烈火焚去杂乱无章的草木，令小丘上的嘉木、美竹、奇石显露出来。之后，柳宗元将这次发现、购买、打造西小丘的经历写成文章刻在石头上，就是我们今天看到的脍炙人口的《钴鉧潭西小丘记》。

"从小丘西行百二十步"，就来到《小石潭记》遗址了。这里晴霞照水，翠竹葱茏，幽雅静谧，让人顿生渴慕林泉之意。伫立在小石潭畔，遥望天际白云舒卷，近观愚溪水流潺潺，我不禁思索柳宗元在冉溪边买了地定居下来之后，就将冉溪改名为"愚溪"，甚至将所住的地方都题名为"愚"的深意。"溪虽莫利于世，而善鉴万类，清莹透澈，锵鸣金石，能使愚者喜笑眷慕，乐而不能去也。"[①]绮丽秀澈的愚溪被湮没在穷乡僻壤，既无人赏识，又不能益于世，恰如柳宗元遭遇放黜，纵然才高八斗、满腹经纶，却难以施展。面对此溪此泉、此丘此沟、此岛此池，柳宗元心有戚戚焉，将它们均以"愚"命名，写下《八愚诗》及《愚溪诗序》刻在石头上，寄托壮志难酬的忧愤、正道直行的情怀，以对抗投机取巧、损人利己的"智"，表现出不妥协的抗争精神……

柳宗元对愚溪情有独钟，迁居此地后，便筑堤治水，将璞玉一般的愚溪维护得更加美观。愚溪遇见柳宗元诚然是遇见了最能赏识它的主人，而柳宗元遇见愚溪也终于找到了最适合他安放身心的场所。愚溪赋予柳宗元热爱生活、顽强生活下去的能量和勇气，二者可谓相看两不厌，促成了柳宗元文思泉涌，留下了诸多璀璨夺目、美若琼瑶的文章。

览胜香零山

游览了愚溪，我们又追寻柳宗元的足迹来到了香零山。柳宗元当年曾为香零山赋诗，"香零烟雨"成为闻名遐迩的"永州八景"之一。走过南津渡浮桥，便看到斜对面的香零山了。香零山其实是一座由天然石矶构成的小岛，高不过20米，东西宽约20米，南北长约15米，其上建有观音阁，白天鸣钟，晚上点灯，类似于海上的灯塔，防止往来渔船触礁。

[①] （清）吴楚材、吴调侯编选，冉万里、张庆文校注：《古文观止》，安徽人民出版社2002年版，第231页。

香零山边上有一艘渡船,在粼粼碧波上荡漾,颇有"野渡无人舟自横"的意境。

柳宗元在《登蒲州石矶望横江口潭岛深迥斜对香零山》中写道:"日出洲渚静,澄明皛无垠。浮晖翻高禽,沉景照文鳞。双江汇西奔,诡怪潜坤珍。孤山乃北峙,森爽栖灵神。"蒲州,在今永州市东南潇水之滨,当年柳宗元常登蒲州石矶眺望香零山。眼前的香零山,与柳子诗中描绘的情形别无二致:太阳照在静谧的洲渚上,不少水鸟在河面上嬉戏,香零山云蒸霞蔚,亭阁孤峙,不可攀跻。河水清澈见底,不仅水中游动的小鱼小虾一览无余,而且可以透视河床上所呈现的千奇百怪的符瑞。

在欣赏香零山的同时,柳宗元在诗中不无惋惜地感叹"信美非所安",他认为香零山诚然风光秀美,但并非可以久留安居的地方。毋庸讳言,在柳宗元生活的时代,永州属于偏远蛮荒之地,百姓生活十分困苦,在《捕蛇者说》中,柳宗元以赋敛之毒胜于毒蛇之毒作比,揭示了永州百姓民不聊生的生存状况。

时空斗转,当下的永州今非昔比,香零山一带已成为人们安居乐业的村庄。一座浮桥连接了永州城市与香零山村,香零山村民充分利用自然风光与柳宗元文化品牌优势,以水产养殖、有机蔬菜种植等优势产业为依托,通过多方筹资,引入社会资本,建立了环村自行车道、咖啡屋、环村水上游乐园、水产养殖垂钓体验区、康养基地、休闲农业观光区等一批乡村旅游、康养设施,并建成零陵研学基地,开发集休闲、观光、旅游、度假、体验于一体的农文旅深度融合发展项目,营造网红打卡地,带动乡村振兴。

在香零山村附近逛逛,一栋栋村民自建的别墅处在青山绿水之间,景色宜人。别墅庭院的竹竿上吊着一串串腊肠、腊鱼、腊鸡、腊鸭,还

永州香零山

  有秋千、摇椅、健身器材等休闲娱乐设施，可以推测香零山村红红火火、富足和谐的生活。这无疑是香零山村民勤劳致富的结果，但饮水思源，也离不开一代文豪柳宗元的福泽——很多游客都是在读了柳宗元所描绘的永州山水后，心驰神往，才慕名前来永州旅游观光的。倘若没有柳宗元作为永州的文化名片，没有其《永州八记》等璀璨诗文提升永州的知名度，香零山也许不过是一座寂寂无名的孤岛，香零山村要发展农文旅深度融合产业，又从何谈起？

  在永州，柳宗元度过了十年谪居岁月，这也是他一生创作的黄金时期，《柳河东全集》的540多篇诗文中有300多篇就是在永州所写的。柳宗元是永州自然山水美的杰出的表现者，永州的山光水色滋养了柳宗元，而柳宗元的奇文华章也成就了永州，使永州声名远扬！也许，永州之"永"不只是指在这片古老而神奇的土地上。潇湘二水源远流长，是中华文明的早期发祥地之一，永州之"永"更是指我们来到这里，在与柳宗元等文化名人神交、对话的过程中，领略到永州的文明，以及中华优秀传统文化传承的生生不息，创新永续……

作者简介

魏颖，湖南长沙人，博士，中南大学人文学院副教授、硕士生导师。

杳杳梅村

张凌云

一

某种程度上，无锡是个尴尬的城市。

无锡这个地名很有意思。最早见于《汉书·地理志》，《无锡市志》曾专门记载其名称来源。东周初年，惠山东峰发现锡矿，故名之锡山，至战国末期，锡矿采尽，秦将王翦锡山驻扎时，发现一块石碑，上刻"有锡争，天下兵；无锡宁，天下清"，遂命此地为"无锡"，无锡从此名扬天下。其实据专家分析，根据地质构造，无锡地区史上没有存在锡矿的可能，以上说法只能是美好的传说罢了，一句广为人知的"无锡锡山山无锡"，才真正道出了其名字的无奈。

更重要的是，虽说无锡地名可追溯到2000多年前，可这颗风景秀丽、经济发达的江南明珠，历史上长期只是一个县，"小小常州府，大大无锡县"的说法曾名噪一时。无锡地处苏南，既与苏州、常州毗邻，又离南京、镇江不远，但获评国家历史文化名城较晚，除了地位略低外，大概在于成名虽早而文化存在明显的断层，以至长久以来寂寂无名，直至近代才重新崛起。

但有一样东西，不但可拉近与苏常二府的差距，简直可傲视江南群雄，那就是泰伯文化。

泰伯文化是吴文化的源流。从泰伯奔吴的时间算起，无锡地区的历史更可上溯至 3000 多年前，由泰伯及其后代建立的古勾吴国有着江南地区最早的城池，有此一例，谁又敢藐视无锡的身份象征？

要寻找泰伯文化，就无法避开梅村。

二

世间之事有着难以言传的默契，我对无锡的印象，许多时候就停留在一个字——"梅"上。小时候看宣传无锡的图片，不论是鼋头渚还是别的地方，经常是烟波太湖边盛开梅花。无锡有个江南三大赏梅胜地之一的梅园，当然离不开梅。至于梅村，隐约听说过这个地名，但不知道其背后还有什么故事。总之，提及无锡，就想起梅花，总觉得梅花代表着它的形象，是不可替代的城市标志。

后来一查，果然，梅花是无锡的市花。这就让我对无锡的风物更蒙上了一层主观色彩。既如此，梅里，梅村，如此风雅而充满古意的名字，会是怎样极富意趣的所在呢？

在我的想象中，我希望梅村是个"驿外断桥边，寂寞开无主"的地方，这里人迹罕至，院落低垂，虽不至于保持历史的原貌，至少也是一副大隐隐于市的姿态。还有小桥流水，寻常巷陌，仅能容纳一两人通过，村口的小路旁，开着一两株雪白的梅花。而我，作为偶然造访的过客，竟仿若披雪而来，恍惚之中，瞧见一位身披蓑衣的老农，牵着一头踟蹰的老牛，脚踩黄泥，孤独地穿过村口的小桥，径往小村深处走去。

画面太美。虽然明知不可能是真的，但宁愿抱有如此幻想。我希望梅村能保留曾经的古风，甚至还有断壁残垣，默默躲在某个角落，其上积满历史的烟尘，等待后人去凭吊、瞻仰。最好是在某个清寒的早晨，天上下着微雨，飘着雾气，我独自闯进了这一片时空，不是走进了现实的江南，而是像穿越回几千年前的荆蛮之地，那一缕彻入骨髓的梅香，扎得我的眼睛皮肤阵阵生痛。

有好几次，下定了去遗址访古的决心，但终究没有成行，既怕又怯。怕的是失望。地处长三角发达地区，数千年时光，曾经的故里遗迹早已难寻，即使有，也没了当年的那种味道。怯的是心虚。瞻拜的是吴祖泰伯，而自己对吴文化了解堪堪皮毛，去了必然是走马观花，在一个先天环境打了折扣的情况下再做一次精神准备打了折扣的造访，必将带来灾难性的后果，摧毁我好不容易积攒的全部景仰，将小心搭建的精神之塔荡归无形。

几次三番的踌躇后，我还是踏上寻根吴祖之路。

三

梅里是梅村的古称。今日之梅村，始称梅村镇，后改乡，又改公社，复改乡、镇，再改为梅村街道，现属无锡市新吴区管辖，面积达 25 平方公里，人口近 4 万人。这一连串的行政变迁，让那个原本古朴单纯的梅村越发扑朔迷离，但至少一点，从字面上看，地域是越来越大了，离我想象中的一个村落、一个片区，甚至是一个点相距甚远。

果不其然。汽车沿着宽阔的马路一路疾驶，周边是一式的高大楼房，除了标注梅村字样的店铺外，看不出与其他地方有什么区别。一切看上去都是经济高速发展后的产物，带着苏南乡镇经济显著的标签。

只是在一处广场，我见到一座牌坊，连着我想去的前方之门。

那牌坊上书"江南第一古镇"。若以资历相论，此言未虚，但梅村最早是古勾吴国的国都，如果也算作镇，未免有些纡尊降贵了。更要紧的是，除了这一处牌坊，视野所及未见太多古镇风貌，不外乎是仿制的建筑、酒旗招幡，偶有的几座拱桥，也因那水太过平直，失去了小桥流水应有的风韵。

我此行的目的地是泰伯庙。泰伯庙是梅村镇上唯一保留真正古迹的地方。刻有"至德名邦"的小牌坊，黄石苔痕，古印苍森，不像后来那些又亮又滑的楼阁碑亭一般虚假。庙很小，人更少，几扇小门，几株矮柏，围囿成逼仄森然的空间，一股浓郁的历史沧桑扑面而来。乍然间，我似乎感受到和陕西黄帝陵、曲阜孔庙一样的气息。

可惜这种感觉太短。庙实在太小，它没有黄帝陵、孔庙一样的开敞空间，也没有参天松柏的遒劲气场，所以震撼只能是脉冲式的，刚开了头就煞了尾。我在庙内反复转了几圈，除了一口写着"泰伯宅故井"的石井，实在没什么可看的东西了。

出门，不甘心地问售票处，泰伯庙就这么点大小，怎么没见泰伯墓？答曰，泰伯墓远在鸿山，向东，离这大概 10 公里。

见时间尚早，我并不着急。想在镇上多走走，尽量挖掘些梅里古都的风韵。

泰伯奔吴后，即在梅村一带筑古勾吴国都城。可惜 3000 年的时光巨变，曾经的都城早已湮没无闻，漫步整个镇上，也难以寻觅到一丝古都之风，今人在泰伯庙东边不远处复制了所谓的梅里古都景区，高墙层楼，气宇不凡，但一看就是旅游开发的衍生品，与假古董没有多大区别，不看也罢。

只是在孕吴桥旁，看着脚下如今又黑又宽的一条河，我在疑窦中不禁心生悲凉，这，难道就是泰伯当年开凿疏浚的伯渎河？

四

水是江南的魂魄。江南作为无数人的梦里故乡、精神的后花园，其核心正是在于一个"水"字。水是温润江南最好的滋养，没有水，江南便如眼盲的美女、枯槁的老妇，与苦瘠的地区没有多大区分。

水至柔而至坚，水善利万物而不争，故天下无能与之争。人力科技在今天能改变许多东西，但有些东西无法改变。大山削平，高楼拔起，包括河川改道，城市乡镇早已变得物是人非，即便如此，水系依然有着自己的性格，一如它诞生伊始。

某种意义上，泰伯就是赋予江南这片土地最早生命的人。水系是大地永恒的血管，皮肤上的各类积存早已随着时光的冲刷荡然无存，但血管仍在，水还在流，这片土地就依然拥有鲜活的生命，依然可追寻到曾经的踪影。

泰伯的故事与其说是历史，不如说更像一个美丽的传说。3200年前，泰伯与其弟仲雍托词采药，夜奔江南，拴马于枯树桩，至清早，见枯枝上梅花朵朵，乃悟道长住，命此地为"梅里"。接下来，断发文身，从俗而化，建勾吴古国，遂成江南文明滥觞。

我不怀疑泰伯的决心和伟大。泰伯的三让高迹万古流芳，泰伯、仲雍来到蛮荒一片的江南后，传播中原一带的先进文化，带来先进的生产技术，进行礼乐开化教导也顺理成章，不如此，也不可能得到百姓的拥戴，成立一方政权。但我感兴趣的是，泰伯、仲雍流奔江南，为何会有一个如此美丽的发端？

我常常会将泰伯、仲雍的故事与史上另一个著名的故事联系起来——伯夷、叔齐。

伯夷、叔齐与泰伯、仲雍差不多同时，即使晚也晚不了多少。但伯夷、叔齐饿死在首阳山，泰伯、仲雍却能开辟一片江山，是偶然还是必然？

其间的巨大落差，可能并不像想象中那么简单。虽然，伯夷、叔齐抱定了不食周粟的决心，其饿死是必然结局，但不能说泰伯、仲雍开疆拓土就是必然。

3000多年前，彼时的交通很不发达，从周原到江南，直线距离就超过上千公里，路途迢迢，更兼目标不明，泰伯、仲雍是如何穿越莽莽大地，出关中，入中原，经淮南，过长江，来到太湖之滨的这片土地，史籍并没有详细记载，《史记·吴太伯世家》只有寥寥数句：

吴太伯，太伯弟仲雍，皆周太王之子，而王季历之兄也。季历贤，而有圣子昌，太王欲立季历以及昌，于是太伯、仲雍二人乃奔荆蛮，文身断发，示不可用，以避季历。季历果立，是为王季，而昌为文王。太伯之奔荆蛮，自号句吴。荆蛮义之，从而归之千余家，立为吴太伯。

这段不长的话，含义却十分丰富，来龙去脉交代得一清二楚，特别是提到了两次"奔荆蛮"，但是，如何"奔荆蛮"，用的是春秋笔法，一略而过。

泰伯三让天下人所共知，但对奔吴的过程存有异议。有说法第一次奔吴是赴周原附近，即作为"西镇"的宝鸡吴山，第二次才去的江南吴地。不管怎么说，其中必然有一次是路途遥远且前途未卜的漫长过程，泰伯为什么不去其他地方，而向江南一带迁徙？这大概已成历史之谜，但可以想见的是，即便泰伯最终到达梅村一带，其场景和心境也绝不可能如"见枯枝上梅花朵朵，乃有所悟，因命之梅里"一般诗意。

唐宋时京官被贬，去往岭南历经数月甚至半年，先秦时代只会更久。江南好不了多少。当泰伯他们辗转到达江南，我想首先心情是凄惶的。

一路跋山涉水，披荆斩棘，劳顿困乏自不必说，关键他不是巡视、检阅，不是天子出行高高在上的姿态，而是出奔，逃离，随从肯定不多，辎重也不繁盛，只能是轻车瘦马，其模样有些狼狈。其次，也是更重要的一点，心情肯定是紧张不安的。前面的都是"经"，现在是"留"，是长住之地，抛去环境适应不说，焉知当地的土人态度如何，会不会有非分之举，乃至有性命之虞？决定留在这里，到底是英明的决策还是错误的选择？

历史在许多时候巧妙地转身，对这一章节避而不谈，上来就是高潮，吴文化的浓墨重彩从此在太湖之滨洇开了，那枯枝上盛开的朵朵梅花，不是红梅、白梅，而是墨梅，蘸着不竭之水，将江南文明演绎得源远流长。

那蘸下去的第一滴水，正是来自泰伯。

泰伯、仲雍定居梅里，除了改进工具，劝课农桑，教授礼仪，将蛮荒之地从混沌状态中迅速摆脱出来，最大的贡献就是兴修水利。泰伯、仲雍带领民众，兴修了著名的伯渎河及九条支流，其中最大最长的伯渎河，全长40多公里，号称中国最早的运河。

我见过伯渎河水系图，其精细翔实令人惊叹。中国文化向来微言大义，讲究委婉含蓄，许多时候语焉不详，但这是个例外。伯渎河水系的分布流向，所经的村落山丘标注得一清二楚，包括文字说明也解释得明明白白，相比其他宣传材料，这里堪称泰伯留给我们的最真实、最直观的一笔物质文化遗产。

最令我惊叹的是，沿着伯渎河水系，有一幅详尽的泰伯归葬线路图，泰伯棺椁从哪里上船，哪里转折，哪里上岸，民众如何尽戴素缟，哭声震天，又如何抬着泰伯棺椁一步步登上鸿山，走向最后的归宿，都描述得栩栩如生，仿佛近在眼前。

这大概是泰伯文化最能打动我的地方。生如夏花之绚烂，死如秋叶之静美。泰伯归葬，气派肯定远没有后世帝王那么阔大，但民众却带着一种最本真朴素的情感，用这样的仪式将他们的内心完全表达出来。我不知道这样的描述是否带有后人夸张的成分，但我宁愿相信这是真的，因为这样的线路图，让伯渎河水系得到了永生。沿着归葬泰伯的水道，就仿若抚摸到历史带着余温的脊梁，泰伯的身影仍在，泰伯留下的河道仍在，泰伯文化虽然陆上已难觅踪迹，但在水里仍然有着清晰的流向。

五

我来到了鸿山脚下。

很想沿着民众当年走过的水道，用最虔诚的方式表达对泰伯的敬意，可惜我做不到，现在没有这条线路可走。所幸鸿山远离市尘，仍是一处清静所在，当天的天气也不灼热，而是稍感沉郁，这便好，符合我的预期，因为我想象中的归葬场景，正是一个连老天都会为之洒泪的日子。

泰伯墓景区比泰伯庙要大许多。山势不高，山脚下有个很大的吴文化广场，也是新建不久，有人在广场上放风筝。也许是午后的气氛让人倦懒，大门之内，没见到什么游人。

泰伯墓的气场同样非泰伯庙可比。如果说那里太逼仄、太狭小，这里却是太开敞、太疏放，空阔得让人感到形单影只，孤零零地与各种或真或假、或久或新的陈列展品及其背后隐藏的历史真相对话。游人本来稀少，到后来就只剩下我一个人。

一个院落的东西厢房，立着古勾吴国的历代君主塑像，共25位。自泰伯伊始，接下来是仲雍、季简、叔达、周章，直到末位君王夫差。造型神态各异，但基本上体态魁伟，威仪赫赫，反映的正是古代君王与众不同的血统和高贵。

我一直不肯将古勾吴国与那个春秋争霸的吴国联系起来。总觉得属于泰伯的古勾吴国充满着温情脉脉，泰伯、仲雍传递着文明的火种，肩负的是教化荆蛮、社会进步的宏大使命，至于建立的那个所谓古勾吴国，充其量不过是将松散的社会结构有组织地凝聚起来，赋予其秩序和效率，并不存在等级森严的君臣关系。泰伯也绝不是一位高高在上的君王，而是一位宽仁的长者，如孔子所言，"民无得而称焉"，老百姓不知如何称颂他的恩德，整个国家近乎无为而治，泰伯本人也有尧舜之风，坚持将王位禅让给仲雍，这样的一位大德圣贤，还能苛求他什么呢？

　　而作为春秋争霸的吴国，给我却是完全另一番印象。征战杀伐，天怒民怨，虽有雄主良将如阖闾伍员，到头来还是避免不了覆亡的命运。虽然夫差，以及整个吴国的结局不免让人叹息，但这个跨入争霸俱乐部行列的吴国，显然与其先祖的古勾吴国不可同日而语。青铜时代的寒光，在这个时候完全露出了它的锋利与狰狞，人类文明的童年结束，留下的只是传说越来越远的背影。

　　但事实不容辩驳。史料将古勾吴国的源流考证得清清楚楚，凡21世，25位君主，每一位君主的生卒年寿、出身谱系、妻后子嗣，包括有的葬处都解释得很明白，也许有的考据不算严谨，但总的来说应无大碍，属于阖闾夫差的那个吴国，的确演变自泰伯创立的古勾吴国。

　　我有些泄气，加上难以言说的失落。如果将一个国家比作人，我希望泰伯的古勾吴国在泰伯身后不久便死去，如同一个充满理想精神的诗人在写完了全部激情四射的诗之后，微笑着选择死亡。泰伯能够做的已经做了，当温文尔雅的一群君子被金戈铁马的武夫绑架，即便面对的是自己的后代，我想，他们也宁愿不再苟活，因为，心中的那个理想社会已经崩塌。

　　也许我夸大了古勾吴国与争霸吴国的区别，毕竟，它们严格意义上都属奴隶社会,生产关系和社会结构大抵类同,只在时间跨度上相差五六百年。但是,正是这五六百年的时光流变,消弭了某些最宝贵的东西,某种带着原始人性光辉的特质如流星闪过,消失长空,古勾吴国从此沿着稳定的轨道向前发展,成为泯然众人矣的若干诸侯国的一员。

于这个意义上,我希望古勾吴国能像化石一样,在最绚烂的时候死去,做出一个最美丽的告别姿态,接受后人最隆重的瞻仰。泰伯本人应当是无意王权的,否则,他怎么会放弃唾手可得的王位,几番奔吴呢。所以,某种程度上,古勾吴国作为一个历史名词,作为一部断代的文明残片,作为流星闪过的道德典范,而非严格意义上的王国,应当是人们更乐于见到,也是泰伯本人希望见到的。唯其如此,这样的文明遗址才能显得高贵而单纯,静穆而伟大,像古希腊的雕塑闪出迷人的光芒。

然而,历史没有如果。

六

我继续向前走去。

历史也早已大踏步地向前走去,由泰伯播撒的文明的种子,在江南大地生根发芽,早已连延成一片广阔的田野。属于阖闾夫差的吴国虽然某些方面无法望背古勾吴国,但生产之发达、国家之强盛肯定远胜先祖,吴文化的伟力以前所未有的速度向周边蔓延,并且深深烙进了这片土地的血脉。即便吴国灭亡,但这片土地的后人,依然骄傲地以吴人自居,他们以独特的语言、风俗、艺术、创造,在中国的文化版图上占据了显赫的位置,生生不息绵延了数千年,并且继续传承发扬下去。

但是,泰伯依然是寂寞的。由东汉桓帝敕令建造、后人不断扩建的这座偌大墓园,静谧得有些可怕,此刻,除了我,只有绿树青山相陪。不仅如此,泰伯的形象被无限放大,放大到背离泰伯的本意,成为一个不被理解的王者。

　　在不少地方,包括今天走过的泰伯庙、泰伯墓,我看到泰伯的身像被塑造成头戴冠玉、身披黄袍、富态饱满的帝王形象,或者可谓之神,有一个甚至像我在道观里见过的玉皇大帝。这样的形象可以说是一个模子出来的,放之四海而皆准,可唯独不像泰伯。

　　泰伯的脸上,应该写着悲悯和坚毅,而非木然和刻板,泰伯也不可能是端坐在上的太平君主,他风尘仆仆,四处奔波,虽两鬓皆白但精神矍铄,虽身形瘦削但步态矫健,就像刚来吴地时的那匹瘦马,永远保持一副奋进的姿态。

　　可惜我没有见到。只是在一些画里,有着写意式的泰伯形象:牛冕盖下,泰伯手执缰绳,神情坚定,那匹马奋蹄疾驰,如逸飞于大地。

　　这是描绘的《泰伯奔吴》,也最能代表真正的泰伯。

　　我突然闻到一股异香,在这绿意森然的墓园里煞是诡异。

　　沿着曲折廊道一阵找寻,好不容易在尽头找到了目标,一棵高大的、开着白花的树。

　　那是七里香,学名海桐,开白花,盛于春末夏初,其香浓郁袭人,芳馨绵远,故名七里香,又名千里香、万里香。

　　我驻足良久,胸中充溢着一种难以言说的况味。

　　这个季节,不管是梅村,还是鸿山,梅花肯定见不到了,所幸,我在这里遇见了七里香。

　　七里香开白花,可比拟白梅,还有另外一层,白色是一种最为素净的颜色,能不能表达对泰伯最好的纪念呢?

　　那一棵高大的七里香,绿叶之间,密密地开满无数白花,像小小的伞,张举着民众对泰伯的无尽思念，数千年来，每年此时举行一次宏大的仪式，从来不变。

七

夏日黄昏，我站在鸿山之巅，周围阒静无人。

泰伯墓静静地躺在这里，墓碑只有"泰伯墓"三个大字，并无其他，附近也没有各种更多说明，简简单单，好让一个人与历史自然直接对话。

从梅里梅村到鸿山之巅，我用一个下午的时间，走过了3000多年的跨度，也给自己与历史自然的终极对话定格了对白：

泰伯和他身后的泰伯文化，代表着人类文明的童年时代，温婉、朴善，闪烁永恒光芒，带着一种回不去的淡淡忧伤。

作者简介

张凌云，南京大学中文系毕业，中国作协会员，现供职于江苏金港海关。作品散见于《青年文学》《黄河》《延河》《草原》《星火》《山东文学》《四川文学》《湖南文学》《散文》《散文百家》《散文选刊》等数百家报刊，出版散文集《高树鸣蝉》《晓月马蹄》等。